Andrea Wege

Traumrasse
Lagotto Romagnolo

Wasserhund der Romagna

Bibliografische Information der Deutschen Nationalbibliothek
Die Deutsche Nationalbibliothek verzeichnet diese Publikation in der Deutschen Nationalbibliografie,
detaillierte bibliografische Daten sind im Internet über http://dnb.d-nb.de abrufbar

In diesem Buch nutzen wir manchmal geschlechtsneutrale Begriffe, um den Text flüssiger und leichter lesbar zu gestalten. Das bedeutet jedoch nicht, dass wir die Bedeutung des Geschlechts ignorieren oder herabsetzen. Wir erkennen und schätzen die Vielfalt und Einzigartigkeit jedes Einzelnen. In Fällen, in denen eine geschlechtsspezifische Differenzierung für das Verständnis wichtig ist, haben wir diese beibehalten. Bitte verstehen Sie diese vereinfachte Sprache als Teil unseres Bestrebens, das Lesen für alle so angenehm wie möglich zu gestalten. Danke, dass Sie ein Teil unserer Lese-Community sind.

1. Auflage März 2025

Verlag: BoD · Books on Demand GmbH, In de Tarpen 42, 22848 Norderstedt, bod@bod.de
Druck: Libri Plureos GmbH, Friedensallee 273, 22763 Hamburg
ISBN: 978-3-7693-5660-1

Bildnachweis:
Cover und Fotos im Buch: adobe stock, Pixabay, Wikipedia, Ki-generiert
Illustrationen im Buch: adobe stock - Igor Zakowski, adobe stock - ilyakalinin

Dieses Buch soll informieren. Klar.

Aber es soll auch Spaß machen - daher enthält es nicht nur Texte, sondern auch zahlreiche Zeichnungen: unsere „Models".

Ganz gezielt haben wir unsere Zeichner gebeten, hier nicht nur typische Rassebilder zu gestalten, sondern niedliche, lustige und zum Teil auch gar nicht als Rasse erkennbare Hunde in das Layout zu übernehmen.

Auch im Ausbildungsteil finden Sie ein Model, das so gar nicht der hier vorgestellten Rasse entspricht - nehmen Sie es bitte locker, denn es geht um das Erkennen der Grundkommandos - nicht mehr und nicht weniger.

Inhaltsverzeichnis

Liebe Leserinnen und Leser,

als ich anfing, diesen Ratgeber zu verfassen, fühlte es sich an, als würde ich eine Ode an einen treuen Gefährten schreiben, der mich über die Jahre tief berührt hat:

den Lagotto Romagnolo.

Was fasziniert mich so an dieser außergewöhnlichen Rasse? Es ist die perfekte Kombination aus Intelligenz, Arbeitsfreude und einer tiefen Bindung zu ihren Menschen, die mich immer wieder begeistert. Der Lagotto ist nicht nur ein talentierter Trüffelsucher, sondern auch ein liebevoller Familienhund, der mit seiner charmanten Art das Herz eines jeden Hundeliebhabers im Sturm erobert.

Lagotto Romagnolos zeichnen sich durch ihre Vielseitigkeit, ihr fröhliches Wesen und ihre bemerkenswerte Auffassungsgabe aus. Sie sind vielleicht nicht die größten Hunde, doch ihr enormes Herz, ihre Energie und ihr kluger Kopf machen jeden Tag mit ihnen zu einem besonderen Erlebnis.

In diesem Ratgeber lade ich Sie ein, die faszinierende Welt des Lagotto Romagnolo zu entdecken. Sie erhalten einen tiefgehenden Einblick in seine Herkunft, seine Geschichte und die einzigartigen Merkmale, die ihn so besonders machen. Ich zeige Ihnen, wie Sie einen Lagotto-Welpen in Ihr Leben integrieren, ihn erziehen und sinnvoll beschäftigen können. Besonders das Klickertraining hat sich als effektive und sanfte Methode bewährt, um eine enge Bindung aufzubauen und die bemerkenswerte Intelligenz dieser Hunde gezielt zu fördern. Auch das harmonische Zusammenleben von Lagottos mit Kindern und anderen Haustieren wird ausführlich beleuchtet.

Eine artgerechte Ernährung und die richtige Fellpflege spielen eine entscheidende Rolle für das Wohlbefinden Ihres Lagottos. Wir werden uns eingehend mit den Themen gesunde Ernährung, Pflege des gelockten Fells und rassetypische Gesundheitsthemen beschäftigen. Ein glücklicher und gesunder Lagotto Romagnolo wird zu einem treuen Begleiter, der mit Ihnen aktiv das Leben genießt – sei es bei gemeinsamen Wanderungen, Hundesport oder vielleicht sogar der Trüffelsuche.

Obwohl der Lagotto als robuste Rasse gilt, gibt es einige gesundheitliche Aspekte zu beachten, um ihm ein langes und erfülltes Leben zu ermöglichen. Auch hierzu finden Sie wertvolle Hinweise und Tipps in diesem Ratgeber.

Das Verfassen dieses Buches war für mich eine Herzensangelegenheit. Ich hoffe, meine Begeisterung und Liebe für diese wundervolle Rasse mit Ihnen teilen zu können. Ganz gleich, ob Sie bereits stolzer Lagotto-Besitzer sind oder überlegen, einem dieser besonderen Hunde ein Zuhause zu geben – dieser Ratgeber soll Ihnen wertvolle Einblicke und praxisnahe Tipps für ein harmonisches Zusammenleben bieten.

Begleiten Sie mich auf dieser spannenden Reise und lassen Sie sich von der einzigartigen Welt des Lagotto Romagnolo verzaubern!

Ich wünsche Ihnen viel Freude und Inspiration beim Lesen!

Ihre Andrea Wege & Team

Zum Beginn noch ein paar Infos für Sie.

Dieses Buch wurde mit viel Liebe und Sorgfalt gestaltet, um sowohl erfahrenen Hundehaltern als auch Neulingen in der Welt der Hunde einen wertvollen Begleiter zu bieten. Ob Sie sich schon lange mit Hunden umgeben oder ob Sie zum ersten Mal einen vierbeinigen Freund in Ihr Leben einladen, Sie finden hier wertvolle Informationen und Ratschläge.

Das Buch ist so aufgebaut, dass es allgemeine Themen rund um das Leben mit einem Hund behandelt, sowie spezielle Aspekte, die für den Lagotto Romagnolo typisch sind. Jedes Kapitel beginnt mit allgemeinen Informationen und Ratschlägen zu Themen wie Ernährung, Erziehung, Pflege und Gesundheit. Anschließend finden Sie spezielle Abschnitte, die auf die Bedürfnisse und Besonderheiten der Rasse eingehen.

Diese speziellen Abschnitte sind für Sie besonders wichtig. Sie bieten tiefere Einblicke und detailliertere Informationen, die auf die speziellen Anforderungen und Eigenheiten dieser faszinierenden Hunde abgestimmt sind.

Egal, ob Sie gerade erst beginnen, sich für den Lagotto Romagnolo zu interessieren, oder ob Sie bereits ein erfahrener Halter dieser Rasse sind – dieses Buch ist so gestaltet, dass es Ihnen hilft, Ihr Wissen zu vertiefen und Ihren Hund besser zu verstehen.

Ich lade Sie ein, dieses Buch in Ihrem eigenen Tempo zu lesen. Sie können es von Anfang bis Ende lesen oder zu speziellen Themen springen, die Sie besonders interessieren.

Vergessen Sie nicht, dass jeder Hund ein Individuum ist und es immer Ausnahmen von der Regel gibt. Nutzen Sie dieses Buch als Leitfaden, aber hören Sie auch auf Ihr Bauchgefühl und die Signale, die Ihr Hund Ihnen gibt.

Ich wünsche Ihnen viel Freude beim Lesen und Entdecken und vor allem ein wundervolles und erfülltes Leben mit Ihrem Lagotto Romagnolo.

Doch jetzt genug der Einleitung. Einmal umblättern und es geht los mit unserer gemeinsamen Reise in die wunderbare Welt der Hunde.

So ist der Lagotto Romagnolo

Ein außergewöhnlicher Begleiter mit Charme und Talent

Der Lagotto Romagnolo ist eine faszinierende Hunderasse mit einer einzigartigen Kombination aus Arbeitsfreude, Intelligenz und Familienfreundlichkeit. Ursprünglich als Wasserhund in den Sumpfgebieten Italiens gezüchtet, hat er sich mittlerweile als exzellenter Trüffelsucher etabliert. Doch nicht nur seine Spürnase macht ihn besonders – sein liebevolles Wesen und seine Anpassungsfähigkeit machen ihn auch zu einem wunderbaren Familienhund.

Herkunft und Geschichte
Der Lagotto als Wasserhund und Trüffelsucher

Der Lagotto Romagnolo stammt aus der italienischen Region Romagna und wurde dort bereits seit Jahrhunderten als Apportierhund für Wasservögel eingesetzt. Sein Name leitet sich vom italienischen Wort „Lago" (See) ab, was seine ursprüngliche Aufgabe als Wasserhund widerspiegelt. Mit der Trockenlegung vieler Feuchtgebiete in Italien wurde seine Verwendung als Jagdhund jedoch weniger notwendig, und seine außergewöhnliche Spürnase brachte ihn zu einer neuen Bestimmung: der Trüffelsuche. Heute ist er die einzige offiziell anerkannte Hunderasse, die speziell für diese Aufgabe gezüchtet wurde.

Aussehen – Lockiges Fell und freundlicher Ausdruck

Der Lagotto Romagnolo ist mittelgroß und wirkt mit seinem dichten, gelockten Fell oft wie ein Teddybär. Dieses besondere Fell ist wasserabweisend und schützt ihn nicht nur vor Kälte und Nässe, sondern auch vor Dornen und Gestrüpp, wenn er auf Trüffelsuche geht. Die Farben variieren von weiß, braun, orange bis hin zu gescheckten und melierten Varianten. Die ausdrucksstarken Augen spiegeln seine Intelligenz und sein waches Wesen wider.

Charakter – Intelligent, lernfreudig und menschenbezogen

Der Lagotto Romagnolo ist bekannt für sein freundliches, verspieltes und aufmerksames Wesen. Seine hohe Intelligenz und seine Arbeitsfreude machen ihn zu einem leicht trainierbaren Hund, der gerne mit seinem Menschen kooperiert. Er ist loyal, verschmust und äußerst menschenbezogen, was ihn zu einem großartigen Begleiter für Familien, Paare oder Einzelpersonen macht.

Dank seines ausgeprägten Will-to-please (Wunsch zu gefallen) und seiner Lernfähigkeit eignet sich der Lagotto hervorragend für verschiedene Aufgaben, darunter:

Trüffelsuche
Hundesport wie Agility, Mantrailing oder Obedience
Therapie- und Assistenzhundearbeit
Begleiter für aktive Menschen und Familien

Sein Temperament ist ausgeglichen, doch er braucht geistige und körperliche Auslastung, um glücklich zu sein. Lange Spaziergänge, Suchspiele und Trainingseinheiten sind für ihn essenziell.

Erziehung und Training – Ein kluger Kopf mit viel Potential

Da der Lagotto Romagnolo überdurchschnittlich intelligent ist, lernt er schnell – sowohl positives als auch negatives Verhalten. Konsequenz und positive Verstärkung sind daher entscheidend in seiner Erziehung.

Besonders gut eignet sich das Klickertraining, um gewünschte Verhaltensweisen zu fördern.

Wichtige Erziehungspunkte für den Lagotto sind:

Frühe Sozialisierung: Begegnungen mit anderen Hunden, Menschen und Umweltreizen helfen ihm, sich sicher zu entwickeln.
Gehirnjogging: Der Lagotto liebt Suchspiele, Nasenarbeit und anspruchsvolle Aufgaben.
Klare Regeln: Klare, liebevolle Führung verhindert Sturheit und unerwünschtes Verhalten.

Pflege und Gesundheit – Das sollten Sie beachten

Der Lagotto Romagnolo ist eine robuste und gesunde Rasse, dennoch gibt es einige rassetypische Besonderheiten in der Pflege und Gesundheit.

Fellpflege
Sein dichtes, lockiges Fell neigt nicht zum Haaren, muss aber regelmäßig geschnitten und gebürstet werden, um Verfilzungen zu vermeiden. Ein professioneller Trimm alle paar Monate ist empfehlenswert.

Gesundheitliche Aspekte: Wie bei jeder Rasse gibt es einige rassetypische Krankheiten, die beachtet werden sollten.

Seriöse Züchter testen ihre Hunde auf Erkrankungen, um das Risiko für Nachkommen zu minimieren.

Ist der Lagotto Romagnolo der richtige Hund für mich?

Ein Lagotto ist kein Hund für Couchpotatoes – er braucht geistige und körperliche Beschäftigung, um glücklich zu sein. Wer einen intelligenten, freundlichen und vielseitigen Hund sucht, der sich gut erziehen lässt und viel Freude an gemeinsamen Aktivitäten hat, findet im Lagotto Romagnolo einen wunderbaren Begleiter.

Er passt besonders gut zu:

Aktiven Familien mit Freude an Bewegung und Beschäftigung
Sportlichen Menschen, die Hundesport oder Nasenarbeit lieben
Trüffel- und Suchhunde-Interessierten
Menschen, die einen intelligenten und anhänglichen Hund suchen

Mit der richtigen Erziehung, ausreichend Bewegung und liebevoller Pflege wird der Lagotto Romagnolo zu einem treuen, fröhlichen und einzigartigen Begleiter fürs Leben.

Fazit

Der Lagotto Romagnolo ist ein echter Allrounder – klug, aktiv, freundlich und vielseitig einsetzbar.

Ob als Familienhund, Arbeitshund oder sportlicher Begleiter: Mit der richtigen Erziehung und Beschäftigung ist er ein idealer Gefährte für Menschen, die seine liebevolle und verspielte Art zu schätzen wissen.

Farbenvielfalt.

Das fell und die farben dieser Rasse.

Ein zentrales Merkmal dieser Rasse ist ihr Fell, das nicht nur optisch ansprechend ist, sondern auch funktionale Eigenschaften besitzt, die den Hund optimal an sein ursprüngliches Arbeitsumfeld anpassen.

Fellstruktur und Funktionalität
Das Fell des Lagotto Romagnolo ist ein Paradebeispiel für natürliche Anpassung.

Es besteht aus zwei Schichten:

Äußerer Schutzmantel:
Dieser Teil des Fells ist dicht, wasserabweisend und leicht gewellt oder gar leicht verschließbar. Diese Beschaffenheit sorgt dafür, dass Wasser und Schmutz abperlen, was besonders beim Arbeiten in feuchten und sumpfigen Umgebungen von großem Vorteil ist.
Unterwolle:
Direkt unter dem äußeren Mantel befindet sich eine weiche, isolierende Unterwolle. Diese helfen, den Körper des Hundes warm zu halten und unterstützen so die thermische Regulierung, selbst bei längeren Einsätzen im kalten Wasser.

Die Kombination dieser beiden Schichten macht das Fell zu einem natürlichen Schutzschild, das den Hund vor den Herausforderungen eines feuchten und wechselhaften Klimas bewahrt.

Farbvielfalt und Muster

Die Farbgebung des Lagotto Romagnolo ist vielseitig und spiegelt die enge Verbindung der Rasse mit ihrer ursprünglichen Umgebung wider:

Brauntöne als Grundfarbe:
Bei den meisten Exemplaren dominieren warme Brauntöne, die in unterschiedlichen Schattierungen auftreten können. Von hellen, rötlich-braunen Tönen bis hin zu tieferen, schnellen schokoladenbraunen Nuancen – die Bandbreite ist beeindruckend.

Markante Akzente und Muster:
Oftmals zeigen sich am Gesicht, an den Ohren oder an den Beinen intensivere Farbkontraste, die einen maskenhaften oder gestromten Eindruck hinterlassen können. Diese Muster wirken nicht nur dekorativ, sondern betonen auch die charakteristische Ausstrahlung des Hundes.
Einige Hunde weisen zusätzlich feine „Ticken" oder Verfärbungen auf, die dem Fell zusätzliche Tiefe verleihen.

Akzente und weiße Abzeichen:
Obwohl das dominierende Farbspektrum im Braunbereich liegt, können gelegentlich auch weiße Akzente vorkommen. Diese erscheinen meist dezent und sind in der Regel auf bestimmte Körperpartien beschränkt, sodass sie den harmonischen Gesamteindruck nicht stören.
Bei der Zucht wird oft darauf geachtet, dass diese weißen Abzeichen sparsam und gezielt auftreten, um den Rassestandard zu erfüllen.

Fellpflege und Erhaltung des natürlichen Glanzes

Trotz seiner wasserabweisenden Eigenschaften erfordert das Fell des Lagotto Romagnolo regelmäßige Pflege:

Bürsten und Auskämmen:
Um Verfilzungen zu vermeiden und abgestorbene Haare zu entfernen, sollte das Fell regelmäßig gebürstet werden. Dies fördert nicht nur die Gesundheit der Haut, sondern unterstützt auch den natürlichen Glanz und die Wasserdichtigkeit des Fells.

Fazit

Das Fell des Lagotto Romagnolo ist weit mehr als nur ein äußerliches Merkmal – es ist ein wesentliches Element, das den Hund in seiner ursprünglichen Funktion als Wasserjäger optimal unterstützt. Die dichte, wasserabweisende Struktur in Kombination mit einer reichen Palette an warmen Brauntönen und dezenten Mustern verleiht der Rasse ihren unverwechselbaren Charakter.

Gleichzeitig zeigt sich, wie eng Funktion und Ästhetik bei diesem bemerkenswerten Hund miteinander verbunden sind. Züchter und Liebhaber schätzen das Fell nicht nur wegen seiner praktischen Eigenschaften, sondern auch wegen der Ausdruckskraft, die es der Rasse verleiht, und tragen so zur Erhaltung des einzigartigen Erscheinungsbildes des Lagotto Romagnolo bei.

Hündin und Welpe.

Bis zu ca. 16 Kg Gewicht werden erreicht.

Der Lagotto Romagnolo durchläuft in den ersten Lebensmonaten einen außergewöhnlich dynamischen Wachstumsprozess, der den Übergang vom winzigen Welpen zu einem ausgewachsenen, robusten Hund auf eindrucksvolle Weise begleitet.

Bereits in den ersten Wochen nach der Geburt ist ein rasantes Körperwachstum zu beobachten, das nicht nur die Zunahme des Gewichts, sondern auch die Entwicklung der Muskelmasse und der Knochenstruktur umfasst. Die anfängliche Phase des schnellen Wachstums ist dabei eng verbunden mit der richtigen Ernährung und einer liebevollen, intensiven Betreuung, die sowohl den körperlichen als auch den geistigen Entwicklungsbedarf deckt.

In den ersten Monaten legt der Lagotto Romagnolo bereits die Grundlagen seiner späteren charakteristischen Statur fest.

Während der ersten drei Monate wächst er nahezu täglich, wobei auch erste Unterschiede zwischen den Geschlechtern sichtbar werden. Mit etwa vier bis sechs Monaten beginnt sich das Wachstum etwas zu verlangsamen, und der Hund gewinnt zunehmend an muskulöser Festigkeit und Ausdauer.

In dieser Phase ist es wichtig, dass er ausreichend Bewegung und soziale Interaktion erhält, damit sich nicht nur seine körperliche, sondern auch seine geistige Gesundheit optimal entwickeln kann. Die Fortsetzung des Wachstums setzt sich in einem gemächlicheren Rhythmus fort, bis die Hunde im Alter von etwa einem bis zwei Jahren ihre endgültigen Maße erreichen.

Ausgewachsene Lagotto Romagnolo erreichen vertikal eine Schulterhöhe von 38 bis 41 Zentimetern, was ihnen eine kompakte und dennoch kraftvolle Erscheinung verleiht. Das Endgewicht dieser Tiere liegt in der Regel zwischen 11 und 16 Kilogramm, wobei auch hier leichte individuelle Unterschiede zu beobachten sind, die sowohl genetische als auch umweltbedingte Faktoren widerspiegeln.

Diese Dimensionen machen den Lagotto zu einem mittelgroßen Hund, der sich sowohl für das aktive Arbeiten im Wasser als auch für das Familienleben im häuslichen Umfeld hervorragend eignet.

Neben dem körperlichen Wachstum spielt auch die langfristige Gesundheit eine zentrale Rolle im Leben des Lagotto Romagnolo.

Mit einer durchschnittlichen Lebenserwartung von 14 bis 16 Jahren zählt diese Rasse zu den Hunden, die bei guter Pflege und regelmäßigem tierärztlichen Check-up oft ein langes, aktives Leben führen können.

Die Langlebigkeit wird dabei nicht nur durch genetische Faktoren bestimmt, sondern auch maßgeblich durch einen gesunden Lebensstil, der ausgewogene Ernährung, regelmäßige Bewegung und präventive Gesundheitsmaßnahmen umfasst.

Ein besonderes Augenmerk liegt dabei auf der Vorbeugung altersbedingter Erkrankungen, sodass bereits auf mögliche gesundheitliche Auffälligkeiten reagiert werden kann.

Die kontinuierliche Überwachung des Wachstums und die Anpassung der Fütterung sowie die Bewegung an die jeweiligen Lebensphasen sind wesentlich, um die optimale Entwicklung des Hundes sicherzustellen.

In den ersten Lebensjahren bildet eine auf den Darm abgestimmte Ernährung die Grundlage für die gesunde Knochen- und Muskelentwicklung, während in den späteren Jahren der Fokus auf der Erhaltung der Beweglichkeit und der Prävention von Gewichtszunahme liegt.

Durch diese Maßnahmen gelingt es vielen Lagotto Romagnoli, auch im hohen Alter noch aktiv und vital zu bleiben, was nicht nur ihre Funktionalität als Arbeitshund, sondern auch ihre Rolle als treuer Familienbegleiter unterstreicht.

Insgesamt ist die Entwicklung des Lagotto Romagnolo ein beeindruckender Prozess, der durch eine harmonische Kombination aus natürlichem Wachstum, gezielter Pflege und liebevoller Zuwendung geprägt ist.

Von den ersten Tagen als kleiner Welpe bis hin zum reifen Hund, der seinen wohlverdienten Platz in der Familie einnimmt, zeigt sich, wie eng körperliche Entwicklung, Gesundheit und Lebensqualität miteinander verbunden sind.

Die angegebenen Maße von 38 bis 41 Zentimetern an der Schulterhöhe und ein Gewicht von 11 bis 16 Kilogramm verdeutlichen, dass es sich um einen kompakten, aber zugleich robusten Hund handelt, der bei entsprechender Pflege ein langes und erfülltes Leben führen kann.

Hübsche Welpen!

„Wer meinen Hund nicht mag, muß halt noch etwas an sich arbeiten!"

„Unbekannt"

Der Lagotto Romagnolo im Einsatz

Der Lagotto Romagnolo gilt als einer der vielseitigsten Hunde, dessen Einsatzmöglichkeiten weit über seine ursprüngliche Funktion als Jagdhund hinausgehen. Ursprünglich in Italien für die Wasserjagd gezüchtet, hat sich diese Rasse im Laufe der Jahre in unterschiedlichen Bereichen als zuverlässige Begleiter erwiesen.

Dank seines robusten Körperbaus, seines dichten, wasserabweisenden Fells und eines außergewöhnlich feinen Geruchssinns kann der Lagotto sowohl in nassen, herausfordernden Umgebungen als auch bei sehr speziellen Aufgaben wie der Trüffelsuche und der tiergestützten Therapie brillieren.

In der ursprünglichen Rolle als Wasserjäger zeigt sich der Lagotto Romagnolo in vollem Glanz. Er ist prädestiniert für Einsätze in Seen, Flüssen und sumpfigen Gebieten, wo sein kräftiger, aber gleichzeitig agiler Körper ihn zu einem hervorragenden Schwimmer macht. Bereits bei der Jagd nach Wasservögeln hat er sich durch sein schnelles Eintauchen und seine Fähigkeit, auch in kalten Gewässern optimal zu arbeiten, bewährt.

Sein Fell, das speziell dafür entwickelt wurde, Wasser und Kälte abzuwehren, sorgt dafür, dass er auch unter widrigen Bedingungen stets einsatzbereit bleibt.

Diese Kombination aus Ausdauer, Beweglichkeit und einem natürlichen Jagdtrieb macht ihn zu einem unersetzlichen Partner für Jäger, die auf Präzision und Zuverlässigkeit angewiesen sind.

Gleichzeitig hat sich der Lagotto Romagnolo als exzellenter Trüffelhund etabliert. Sein herausragender Geruchssinn, der zu den Besten unter den Hunderassen zählt, ermöglicht es ihm, auch die feinsten Düfte im Untergrund aufzuspüren.

Die Suche nach Trüffeln ist eine anspruchsvolle Aufgabe, die Geduld, Präzision und eine intensive Zusammenarbeit zwischen Hund und Hundeführer erfordert.

In den oft unwegsamen, bewaldeten und landwirtschaftlich genutzten ländlichen Gebieten Italiens führt der Lagotto mit großer Sorgfalt und Zielstrebigkeit die Suche nach den begehrten unterirdischen Delikatessen durch.

Die Ausbildung zum Trüffelhund umfasst dabei sowohl die Förderung des natürlichen Geruchssinns als auch den Aufbau eines stabilen Vertrauensverhältnisses, sodass der Hund in der Lage ist, auf Kommando und in enger Abstimmung mit seinem Hundeführer zu arbeiten.

Seine Erfolge in diesem Bereich haben ihm einen festen Platz in der gehobenen Gastronomie verschafft, wo er als zuverlässiger Partner gilt, der selbst in schwierigen Bodengegebenheiten die wertvollen Trüffel aufspüren kann.

Neben seiner beeindruckenden Leistungsfähigkeit in den Wassergebieten Jagd und Trüffelsuche wird der Lagotto Romagnolo auch als Therapiehund geschätzt.

In Einrichtungen wie Altenheimen und Krankenhäusern bringt er durch seine ruhige, freundliche und empathische Kunst nicht nur Freude, sondern auch spürbaren Trost in den Alltag der Menschen.

Sein sanftmütiges Wesen und die hohe Sensibilität ermöglichen es ihm, sich intuitiv an die Bedürfnisse von Patienten und Bewohnern anzupassen.

Oft genügte schon seine Anwesenheit, um Stress und Einsamkeit zu lindern, was in der therapeutischen Arbeit einen wichtigen Beitrag zur emotionalen und psychischen Stabilisierung leistet.

Die gezielte Ausbildung zum Therapiehund betont neben Gehorsam und Disziplin vor allem die Fähigkeit, emotionale Signale aufzunehmen und darauf einfühlsam zu reagieren. So wird der Lagotto zu einem wertvollen Bindeglied zwischen Mensch und Tier, das nicht nur als Begleiter, sondern als echter Stimmungsaufheller wahrgenommen wird.

Die bemerkenswerte Vielseitigkeit des Lagotto Romagnolo ist ein eindrucksvoller Beweis für die enge Verbindung von natürlichen Talenten und gezielter Ausbildung.

Ob bei der anspruchsvollen Wasserjagd, der präzisen Suche nach Trüffeln oder in der sinnvollen Arbeit als Therapiehund – diese Rasse überzeugt in jedem Einsatzgebiet durch ihre Robustheit, Intelligenz und ihr einfühlsames Wesen.

Dabei zeigt sich, wie eng Tradition und Moderne miteinander verwoben sind: Während die Fähigkeiten zur Jagd und Trüffelsuche in historischen Arbeitsaufgaben verwurzelt sind, spiegelt sich die erfolgreiche Integration in die tiergestützte Therapie, die Anpassungsfähigkeit an die Bedürfnisse unserer Zeit wider.

So wird der Lagotto Romagnolo zu einem echten Allrounder, der in verschiedenen Lebensbereichen nicht nur funktional, sondern auch emotional bereichernd wirkt.

Einen prima Wasserhund!

„Jeder hat einen Schutzengel, wahre Glückspilze haben

einen Hund!"

Autor unbekannt

Gibt es eigentlich so wirklich berühmte Vertreter dieser wunderbaren Rasse?

Der Lagotto Romagnolo ist eine äußerst vielseitige Hunderasse, die sich in unterschiedlichen Einsatzbereichen hervorgetan hat – sei es als Trüffelhund, Wasserjäger oder als einfühlsamer Therapiegefährte.

Im Folgenden werden einige berühmte Vertreter dieser Rasse vorgestellt, die jeweils in ihrem Spezialgebiet beeindruckende Leistungen erbracht haben.

La Stella del Lago

Bekannt als herausragender Trüffelhund, überzeugte La Stella del Lago in nationalen Wettbewerben durch seinen feinen Geruchssinn und seine präzise Arbeitsweise bei der Suche nach wertvollen Trüffeln.

Cuore d'Oro

Dieser Hund erlangte Berühmtheit als Therapiehund, der in Pflegeeinrichtungen und Krankenhäusern durch sein sensibles und freundliches Wesen Menschen Trost und Freude spendet.

AcquaViva

Als versierter Wasserjäger beeindruckte AcquaViva durch seine außerordentliche Agilität und Ausdauer im Wasser.

Seine Erfolge in verschiedenen Hundesportwettbewerben unterstreichen die traditionellen Fähigkeiten der Rasse.

Sogno

Sogno zog auf internationalen Ausstellungen alle Blicke auf sich – sein harmonisches Erscheinungsbild und vorbildliches Verhalten machten ihn zum Verkörperungsbeispiel des ästhetischen Ideals des Lagotto Romagnolo.

Diese renommierten Vertreter verdeutlichen, wie eng Tradition und moderne Einsatzmöglichkeiten miteinander verwoben sind und wie vielfältig der Lagotto Romagnolo agieren kann.

Ursprung und Entwicklung der Rasse

Der Lagotto Romagnolo ist eine Hunderasse mit einer reichen und faszinierenden Geschichte, die tief in der italienischen Tradition verwurzelt ist.

Der Ursprung dieser Rasse liegt in der Region Romagna im Nordosten Italiens, und sie hat eine lange Geschichte als Arbeitshund, die insbesondere bei der Wasservogeljagd und später bei der Trüffelsuche eine bedeutende Rolle spielte.

Es wird angenommen, dass die Ursprünge des Lagotto Romagnolo bis ins Mittelalter zurückreichen, als er als Wasserhund für die Jagd auf Wasservögel gezüchtet wurde. Die Region Romagna, mit ihren zahlreichen Gewässern, Sümpfen und feuchten Wäldern, bietet den idealen Lebensraum für diese besonders widerstandsfähige und anpassungsfähige Rasse.

Historischen Berichten zufolge war der Lagotto schon im 16. Jahrhundert als ausgezeichnetes „Cani da acqua" bekannt und fand Verwendung als zuverlässige Helfer bei der Apportierarbeit nach der Jagd.

Im Laufe der Jahre entwickelte sich der Lagotto zu einem spezialisierten Suchhund, der nicht nur für das Wasserjagen, sondern auch für das Auffinden von Trüffeln eingesetzt wurde.

Besonders im 19. und 20. Jahrhundert wuchs seine Rolle als Trüffelsucher und brachte ihm in Italien und darüber hinaus großen Ruhm ein. Trüffeln sind wertvolle seltene Pilze, die tief im Boden wachsen, und der Lagotto Romagnolo hat die Fähigkeit, diese Delikatesse mit seinem herausragenden Geruchssinn sicher aufzuspüren.

In dieser Zeit gaben sich viele Trüffelsucher in den Wäldern und Feldern Italiens auf die Jagd nach diesen unterirdischen Schätzen, oft begleitet von einem Lagotto Romagnolo, der ihrer Suche einen unschätzbaren Vorteil bot.

Die Jahrhundertwende brachte jedoch für viele Jagdhund-Rassen eine Krise durch veränderte Jagdmethoden und die zunehmende Mechanisierung.

Der Lagotto Romagnolo war jedoch äußerst robust in seiner Anpassungsfähigkeit und fand eine Renaissance, als er mit steigender Nachfrage nach Trüffeln zu einem Lebensretter für Trüffeljäger wurde.

Heute sind Lagotto Romagnolos europaweit als Trüffelsucher in der gehobenen Gastronomie stark begehrt und stellen eine der meistgenutzten Hundearten für diese Spezialaufgabe dar.

Ende des 20. Jahrhunderts wurde der Lagotto Romagnolo von der FCI (Fédération Cynalogique Internationale) offiziell als eigenständige Rasse anerkannt, was seine Popularität und Bedeutung noch weiter steigerte und ein global wachsendes Interesse an seinen hervorragenden Fähigkeiten und charakteristischen Erscheinungen hervorrief.

Zusammenfassend lässt sich sagen, dass die Geschichte des Lagotto Romagnolo über Jahrhunderte hinweg ein faszinierendes Beispiel für die Anpassungsfähigkeit und Vielseitigkeit von Hunden ist.

Ursprünglich als Wasserhund zur Jagd auf Wasservögel in seiner Heimatregion Romagna tätig, hat sich der Lagotto zur perfekten Rasse für die Trüffelsuche entwickelt und ist heute beliebt als Familienhund und Therapiehund.

Seine Geschichte ist untrennbar mit der Zusammenarbeit von Mensch und Hund und der engen Beziehung zu einem traditionellen Handwerk verbunden, das tief in der europäischen Kultur verwurzelt ist.

Heute genießt der Lagotto Romagnolo weltweite Anerkennung – sowohl als ausgezeichneter Trüffelhund als auch als treuer Familienbegleiter.

Seine Geschichte, die von den Herausforderungen der Wasserjagd bis hin zur modernen Trüffelsuche reicht, macht ihn zu einem lebendigen Zeugnis italienischer Tradition und Anpassungsfähigkeit.

Dabei verbindet der Lagotto die Elemente der Vergangenheit mit den Anforderungen der Gegenwart, wodurch er in vielfältigen Einsatzgebieten überzeugt und seine besondere Stellung in der Welt der Hunderassen festigt.

Der Lagotto Romagnolo zieht ein.

Na also, endlich ist es so weit! Ihr ausgesuchter Welpe hat jetzt das richtige Alter und Sie können ihn beim Züchter abholen. Was für ein Hammer-Tag!

Oder vielleicht haben Sie sich ja auch für einen älteren Hund entschieden, der einen ganz anderen Background hat. Egal, wie es aussieht - heute steht Ihre Welt auf dem Kopf.

Aber bevor Ihr neuer pelziger Kumpel bei Ihnen einzieht, gibt es ein paar Dinge, die Sie im Kopf behalten und ein paar Vorbereitungen, die Sie treffen sollten.

Woher bekommen Sie Ihren Hund?
Das ist wirklich eine der ersten Fragen, die Sie sich stellen sollten, wenn Sie darüber nachdenken, einen Hund zu holen.

Grundsätzlich haben Sie drei Wege, um an einen typgerechten Welpen zu
kommen:

* Kommerzielle Händler
* Verantwortungsbewusste Züchter
* Tierheim

Eins vorweg: Lassen Sie die Finger von kommerziellen Händlern. Die behandeln die Tiere nur wie Ware und scheren sich überhaupt nicht darum, was
nach dem Kauf mit den Hunden oder den neuen Besitzern passiert. Sozialisierung und Prägung? Fehlanzeige. Probleme später? Garantiert. Außerdem
würden Sie mit einem solchen Kauf dieses teilweise wirklich miese Geschäft
unterstützen. Was zuerst wie ein Schnäppchen aussieht, kann schnell zu einer
Kostenfalle werden, wenn die Tierarztrechnungen kommen.

Erfahrene Hundehalter können natürlich einem Vierbeiner aus dem Tierheim
eine Chance geben. Aber bedenken Sie, diese Tiere sind oft schon geprägt
und man weiß nicht immer, unter welchen Bedingungen sie vorher gelebt
haben. Schnappen Sie sich nicht voreilig einen dieser armen Kerle - wenn Sie
nicht mit ihm zurechtkommen, landet er oft wieder im Tierheim und der Hund
ist der Leidtragende. 2nd-Hand-Hunde sind eher etwas für Leute, die viel
Zeit, Geduld und Erfahrung mit Hunden haben.

Ihre beste Chance, einen gesunden und typischen Welpen zu bekommen,
haben Sie definitiv bei einem seriösen Züchter. Klar, ein gut sozialisierter und
liebevoll geprägter Hund ist dort nicht zum Ramschpreis zu haben - aber Sie
bekommen wahrscheinlich einen rassetypischen Hund, an dem Sie viele Jahre
lang Spaß haben werden.

VDH-Züchter
(auch ÖKV/SKG)

Auf der Suche nach einem guten Züchter sollten Sie sich am besten an die
Rassezuchtvereine im VDH (ÖKV, SKG) wenden. Die Kontaktdaten finden Sie
im Service-Teil dieses Buches.
Der Verband für das Deutsche Hundewesen (VDH) ist sozusagen die deutsche
Dachorganisation für Hundezucht und achtet streng darauf, dass nur vertrau-
enswürdige Züchter in den angeschlossenen Vereinen für Nachwuchs sorgen.
Züchter, die im VDH sind, halten sich an die Regeln, paaren nur geeignete
Hunde und kümmern sich von Tag eins an um die Gesundheit ihrer Welpen.

Ein VDH-Züchter bietet Ihnen daher maximale Sicherheit bei der Wahl Ihres neuen Familienmitglieds. Das Gleiche gilt für ÖKV und SKG.

Klar, nicht jeder Züchter, der nicht im Verband ist, muss unseriös sein. Aber sicher ist sicher, oder?

Welcher Welpe soll es sein?

Schon bei der Auswahl des Welpen können die ersten Fehler passieren - oft geht es ja nur darum, wer von der Bande gerade der „Niedlichste" ist. Aber das ist genauso daneben, als würden Sie sich ein Auto nur nach der Farbe aussuchen. Wenn Sie nur ein paar Kilometer durch die Stadt zum Einkaufen fahren, brauchen Sie ein anderes Auto als wenn Sie jeden Tag bei Wind und Wetter von Hamburg nach München düsen würden - da spielt die Farbe wirklich die kleinste Rolle.

Genauso ist es bei Ihrem Welpen. Nicht der süßeste Welpe ist der richtige, sondern der, der am besten zu Ihnen passt. Haben Sie die Erfahrung und die Ruhe, um einem ängstlichen kleinen Kerl ins Leben zu helfen oder sollte es ein total aufgeschlossener Welpe sein? Mögen Sie eher einen ruhigen Hund oder einen, der immer Action will?

Sie sehen schon, es geht nicht ums Aussehen, sondern um den Charakter Ihres neuen Familienmitglieds, mit dem Sie ja locker 10-15 Jahre zusammen sein werden.

Jetzt verstehen Sie bestimmt auch, warum der Züchter Ihnen so viele, teilweise wirklich private Fragen stellt - er will herausfinden, wie Sie „ticken", um Ihnen dann den Hund zu zeigen, der am ehesten Ihren Wünschen und Anforderungen entspricht. Vertrauen Sie ihm - er kennt seine Hunde in- und auswendig und hat meistens auch ein gutes Gespür für Menschen. Der Züchter wird alles tun, um sicherzustellen, dass es seinem Welpen gut geht und er den passendsten Besitzer bekommt.

Gesunder Stammbaum

Achten Sie darauf, dass Ihr junger Hund aus einer soliden Zucht stammt und seine Eltern gesund, rassetypisch und charakterstark sind. Ein guter Züchter kann Ihnen jederzeit die Mutterhündin zeigen, denn sie lebt ja bei ihm. Und er wird Ihnen eine Ahnentafel zeigen, die genau aufzeigt, woher der kleine Hund kommt, ausgestellt vom Rassezuchtverein. Dazu sollte er die nötigen Impfungen nachweisen können, denn bei der Übergabe an Sie sollte der

Welpe mindestens gegen Staupe, ansteckende Hepatitis, Leptospirose und
Parvovirose geimpft und entwurmt sein.
Wenn Sie irgendwelche Zweifel haben, fragen Sie einfach beim zuständigen Rassezuchtverein nach. Die sind immer froh, wenn sie gegen unseriöse
Hundevermehrer und -händler vorgehen können. Alle, die die Rasse wirklich
lieben und sich um ihre Erhaltung kümmern, sind dabei auf Ihrer Seite.

Rüde oder Hündin?

„Rüden schließen sich nur dem Mann in der Familie an und sind schwieriger
zu erziehen, Hündinnen sind anhänglicher." Vergessen Sie solche Pauschalurteile, jeder Hund ist anders. Letztlich hängt die Wahl des Geschlechts
wahrscheinlich von Ihren eigenen Vorlieben und praktischen Überlegungen
ab. Wenn Sie später selbst züchten wollen, brauchen Sie natürlich eine Hündin. Ansonsten sollten Sie sich die Unterschiede zwischen den Geschlechtern
klar machen. Eine Hündin wird zweimal im Jahr läufig und verändert sich
dann auch im Verhalten; unbeaufsichtigt kann sie auch schwanger werden.
Während der Läufigkeit kann sie ein paar Tropfen Blut verlieren. Ein Rüde
dagegen wird auf läufige Hündinnen reagieren, manchmal so stark, dass er
tagelang jaulend an der Tür kratzt. Mein Tipp: Schauen Sie sich schon vor
dem Hundekauf an, ob in Ihrer Nachbarschaft mehr Hündinnen oder Rüden
sind - wenn Sie sich der Mehrheit anschließen, wird das Zusammenleben entspannter. Wenn Sie schon einen Hund haben und sich einen weiteren dazuholen wollen, passen Sie auf, dass Sie nicht zwei Rüden zusammenhalten - das
kann oft zu ordentlich Zoff führen. Aber auch unter Hündinnen kann es Streit
geben, am geringsten ist das Risiko, wenn Sie einen Rüden und eine Hündin
haben. Aber passen Sie auf, dass Ihr Mädel nicht ungewollt schwanger wird.

Wie alt sollte der Welpe sein?

So verlockend es auch sein mag - Sie sollten Ihren Welpen nicht vor der 9.
oder 10. Lebenswoche abholen. Ein verantwortungsbewusster Züchter wird
Ihnen den Hund auch nicht früher geben, und er kann es auch gar nicht, weil
der kleine Hund frühestens in der 8. Woche geimpft und gechipt wird.

Kosten für den Hund

Bevor Sie sich einen Hund zulegen, sollten Sie zumindest grob die Kosten
für ein solches Tier überschlagen. Es muss sichergestellt sein, dass Sie diese
nicht nur jetzt, sondern über die gesamte Lebensdauer des Hundes tragen
können - immerhin kann Ihr Hund Sie gut und gerne 10 oder mehr Jahre begleiten, und eine Trennung aus finanziellen Gründen sollte unbedingt vermie-

den werden.

Die folgenden Punkte zeigen auf, was auf jeden Fall auf Sie zukommt. Mehr-
kosten für zusätzliches Spielzeug, Leckereien, Hundehütte, Autoausstattung
usw. hängen davon ab, was Sie alles für Ihr Tier anschaffen wollen.

Anschaffung
Im Vergleich zum gesamten Hundeleben sind die Kosten für die Anschaffung
Ihres Vierbeiners die geringsten, also versuchen Sie nicht hier zu sparen. Der
vermeintlich günstige Welpe vom Hundevermehrer verursacht oft später hohe
Tierarztkosten.
Bei einem Züchter zahlen Sie für Ihren reinrassigen Welpen rund 1.000,- bis
2.000,- €, holen Sie einen Hund aus dem Tierheim, können Sie mit 100,- bis
400,- € rechnen.

Grundausstattung
Für Körbchen, Decke, Leine und Co. sollten Sie zu Beginn etwa 150,- € ein-
planen, für Ersatz und Neuanschaffungen dürften etwa 100,- € pro Jahr aus-
reichen.
Ernährung
Die Kosten hierfür richten sich natürlich nach der Qualität des Futters, das
Sie Ihrem Vierbeiner anbieten möchten. Sie sollten hier täglich rund 2,- bis
4,- € einplanen, also im Jahr etwa 1.000,- €.

Hundesteuer
Je nach Wohnort liegt die Steuer für Ihren Hund zwischen 20,- und 250,- €
pro Jahr.

Versicherung
Für eine solide Haftpflichtversicherung können Sie rund 40,- € pro Jahr rechnen.
Ob Sie eine Krankenversicherung abschließen, sollten Sie sorgfältig überlegen
- die Kosten sind mit etwa 60,- € pro Monat ziemlich hoch und der Nutzen
lässt sich kaum vorhersagen.

Tierarzt
Mindestens einmal im Jahr sollten Sie einen allgemeinen Check Ihres Hundes
vornehmen lassen, hinzu kommen die regelmäßigen Impfungen und Entwur-
mungen. Natürlich kann Ihr Hund auch mal krank werden, was zu sehr unterschiedlichen Kosten führen kann. Ich denke, mit rund 300,- € pro Jahr haben
Sie eine gute Kalkulationsgrundlage.

Hundesteuer

Die Hundesteuer ist quasi die Miete, die Sie für Ihren pelzigen Mitbewohner an Ihre Stadt oder Gemeinde zahlen. Sie hilft, die ganzen Sachen zu bezahlen, die mit Hunden zu tun haben, wie z.B. die Beseitigung von Hinterlassenschaften oder die Einrichtung von Hundespielplätzen. Auch soll sie dazu beitragen, dass wir nicht von Hunden überrannt werden und nur diejenigen sich einen Hund anschaffen, die sich wirklich darum kümmern können.

Wer bestimmt, wie viel Sie zahlen müssen? Das sind die örtlichen Behörden, meist die Gemeinden oder Städte. Deswegen kann es sein, dass Sie in der einen Stadt weniger zahlen als in der anderen. Also, immer Augen auf bei der Wahl des Wohnortes!
Wenn Sie sich einen Hund zulegen oder mit Ihrem Hund umziehen, müssen Sie das bei der örtlichen Behörde anmelden. Dafür gibt es ein Formular, das Sie ausfüllen und abgeben müssen - meist geht das online oder im Rathaus.

Wie viel Sie genau zahlen, hängt von Ihrer Gemeinde ab. Meistens liegt die jährliche Steuer für den ersten Hund zwischen 50 und 200 Euro. Haben Sie mehr als einen Hund, wird es mitunter teurer.

Aber es gibt auch Ausnahmen: Manche Hunde, wie Blindenführhunde oder Hunde von Behörden, können eine Ermäßigung oder sogar Befreiung von der Hundesteuer bekommen. Auch Hunde aus dem Tierheim können manchmal günstiger sein. Aber auch das ist von Ort zu Ort unterschiedlich.

Manche Gemeinden haben auch spezielle Regeln für bestimmte Hunderassen, die als „Kampfhunde" oder „Listenhunde" gelten. Für diese Hunde kann die Steuer höher sein, um sicherzustellen, dass nur verantwortungsbewusste Halter sich solche Hunde anschaffen.

Nach der Anmeldung und Zahlung der Hundesteuer erhalten Sie oft eine Steuermarke, die Sie an das Halsband Ihres Hundes hängen müssen. So kann jeder sehen, dass Sie Ihre Steuern bezahlt haben.

Wenn Sie umziehen oder Ihr Hund stirbt oder verkauft wird, müssen Sie Ihren Hund abmelden. Dann ist die Steuerpflicht vorbei.

Die Hundesteuer in Deutschland ist also eine ziemlich komplexe Sache, die von Ort zu Ort unterschiedlich ist. Deshalb sollten Sie sich immer gut informieren, um keine bösen Überraschungen zu erleben. Bei Fragen können Sie sich immer an Ihre Gemeinde- oder Stadtverwaltung wenden.

Wichtig ist, dass Sie die Hundesteuer immer pünktlich zahlen und alle notwendigen An- und Abmeldungen vornehmen. So vermeiden Sie Ärger und Strafen. Die Einnahmen aus der Hundesteuer werden u. a. auch -aber keinesfalls nur- für Dinge verwendet, die mit Hunden zu tun haben, wie zum Beispiel die Bereitstellung von Hundetoiletten oder Hundespielplätzen.

Haftpflichtversicherung für den Hund:

Jetzt, wo Sie alles über die Hundesteuer wissen, lassen Sie uns zur Hundehaftpflichtversicherung übergehen. Denn wer will schon auf den Kosten sitzen bleiben, wenn Bello mal die teure Vase der Nachbarin zerlegt, oder?

Die Hundehaftpflichtversicherung ist in manchen Bundesländern sogar Pflicht. Es ist also gut, sich darüber zu informieren, bevor Sie Ihren Hund bei sich aufnehmen. Sie deckt die Kosten, falls Ihr Hund mal etwas kaputt macht oder jemanden verletzt. Und glauben Sie mir, das kann schneller passieren, als Sie denken. Ein kleiner Ausflug in den Park kann schon mal teuer werden, wenn Ihr Hund plötzlich auf die Idee kommt, einem Radfahrer hinterherzujagen.

Die Versicherungssumme ist quasi der maximale Betrag, den die Versicherung im Schadensfall zahlt. Hier gilt: Je höher, desto besser. Denn Sie wissen nie, was passieren kann. Es ist immer besser, auf Nummer sicher zu gehen.

Die Kosten für die Haftpflichtversicherung variieren je nach Anbieter und Tarif. Aber im Durchschnitt können Sie mit etwa 50 bis 100 Euro im Jahr rechnen. Manchmal gibt es auch Rabatte, wenn Sie mehr als einen Hund haben oder einen bestimmten Beruf ausüben. Es lohnt sich also, sich genau zu informieren und die verschiedenen Angebote zu vergleichen.

Auch hier gilt: Immer schön alles anmelden und auf dem Laufenden halten. Wenn Ihr Hund z.B. einen neuen Besitzer bekommt oder stirbt, müssen Sie das der Versicherung melden. Und natürlich müssen Sie auch Ihre Beiträge pünktlich zahlen, damit der Versicherungsschutz nicht erlischt. Zusammengefasst: Die Hundehaftpflichtversicherung ist ein wichtiger Schutz für Sie und Ihren Hund. Sie hilft, unerwartete Kosten zu decken und sorgt dafür, dass Sie und Ihr Hund sorglos durchs Leben gehen können. Also, checken Sie das mal ab, bevor Sie Ihren neuen besten Freund nach Hause bringen!

Hundekrankenversicherung:

Nachdem wir die Haftpflichtversicherung abgehakt haben, ist es an der Zeit, über die Hundekrankenversicherung zu sprechen. So wie Sie eine Krankenversicherung haben, kann auch Ihr Hund eine haben. Klingt doch gut, oder?

Eine Hundekrankenversicherung deckt die Kosten für tierärztliche Behandlungen ab. Dabei kann es sich um regelmäßige Check-ups, Impfungen, Wurmkuren und Flohbehandlungen handeln. Aber auch die Kosten für größere Eingriffe, wie Operationen, können abgedeckt werden.

Ob Sie eine Krankenversicherung für Ihren Hund abschließen, hängt von verschiedenen Faktoren ab. Zum Beispiel von der Rasse Ihres Hundes, seinem Alter und seiner Gesundheit. Manche Rassen neigen zu bestimmten Gesundheitsproblemen und können daher teurer in der Versicherung sein. Auch ältere Hunde oder Hunde mit Vorerkrankungen können höhere Beiträge haben.

Die Kosten für eine Hundekrankenversicherung variieren stark, aber Sie können mit etwa 20 bis 60 Euro pro Monat rechnen. Wieder gilt: Es lohnt sich, die Angebote zu vergleichen und das Kleingedruckte zu lesen. Manche Versicherungen haben eine Selbstbeteiligung oder decken bestimmte Behandlungen nicht ab.

Auch wenn es eine zusätzliche Ausgabe ist, kann eine Hundekrankenversicherung Ihnen viel Stress und Sorgen ersparen. Stellen Sie sich vor, Ihr Hund muss operiert werden und Sie müssen sich keine Gedanken über die Kosten machen. Das ist doch beruhigend, oder?

Zusammenfassend lässt sich sagen, dass es viele Dinge zu bedenken gibt, wenn Sie einen Hund aufnehmen. Aber mit der richtigen Planung und Vorbereitung können Sie und Ihr neuer vierbeiniger Freund ein sorgloses und glückliches Leben führen. Also, nehmen Sie sich die Zeit und informieren Sie sich gut. Ihr Hund wird es Ihnen danken!

Willkommen im neuen Zuhause, kleiner Welpe

Jetzt wird es spannend! Ihr neuer kleiner Mitbewohner kommt ins Haus und das ist für ihn eine ganz schöne Umstellung. Es ist eine ziemlich verrückte und verwirrende Zeit, daher müssen Sie einfühlsam sein und möglichst viel Zeit mit ihm verbringen. Am besten holen Sie ihn morgens beim Züchter ab, dann hat er den ganzen Tag Zeit, sich zu akklimatisieren, zu futtern, zu spielen und müde zu werden.

Das Zuhause erkunden

Sobald Ihr Welpe zu Hause ankommt, lassen Sie ihn seine neue Umgebung
beschnuppern und erkunden. Zeigen Sie ihm dann sein neues Schlafgemach.
Ihre Wohnung ist für ihn wie ein riesiger Freizeitpark voller neuer Eindrücke,
Geräusche und Gerüche. Total spannend, aber auch ein bisschen beängsti-
gend. Er vermisst seine Mama und seine Geschwister. Von Ihnen erwartet er,
dass Sie ihm die Gesellschaft, Nähe und Sicherheit geben, die er zurückgelas-
sen hat.

Vielleicht gibt Ihnen der Züchter eine Decke mit, die nach der Mama und den
Geschwistern riecht. Das kann ihm helfen, sein Heimweh zu lindern. Nachdem er ein wenig gespielt hat, wird er sich wahrscheinlich auf seinen Schlafplatz zurückziehen und ein Nickerchen machen. Lassen Sie ihn schlafen, denn
Schlaf ist für Welpen genauso wichtig wie für Babys.

Die erste Nacht ohne Mama

In den ersten Nächten könnte Ihr Welpe ein bisschen jammern und unruhig
sein, wenn Sie ihn allein lassen. Ein kleiner Trick kann hier helfen: Wickeln
Sie eine Wärmflasche und einen tickenden Wecker in eine Decke und legen
Sie sie in sein Bett. So fühlt er sich, als wäre ein warmes, lebendiges Wesen
bei ihm.
Hat er schon einen Namen?

Geben Sie Ihrem Welpen so schnell wie möglich einen Namen. Züchter geben
ihren Hunden oft sehr komplizierte Namen, die eher die Abstammung zeigen
und nicht wirklich praktisch sind. Wählen Sie also einen Namen, der Ihnen ge-
fällt, und verwenden Sie ihn immer wieder. Sie werden sehen, er wird schnell
darauf reagieren.

Kinder und andere Tiere

Wenn Sie Kinder haben, erklären Sie ihnen, dass Welpen keine Spielzeuge
sind. Vernachlässigen Sie auch nicht Ihre anderen Haustiere, sonst könnten
sie eifersüchtig auf den neuen Mitbewohner werden. Lassen Sie sie sich langsam und unter Aufsicht kennenlernen. Lassen Sie einen jungen Welpen nie
allein mit einer älteren Katze oder einem älteren Hund.

Schlafplatz

Schaffen Sie einen gemütlichen Schlafplatz für Ihren Welpen, vielleicht in der

Küche oder im Wohnzimmer, wo er vor Zugluft geschützt ist. Welpen kauen gerne auf allem herum, also stellen Sie sicher, dass Sie nur unbedenkliche Materialien verwenden. Ein offener Karton mit einer waschbaren Decke ist zunächst völlig ausreichend.

Sauberkeit ist das A und O

Achten Sie darauf, dass der Napf Ihres Welpen stabil und standfest ist. Am besten sind Näpfe, die entweder schwer genug sind (wie Keramiknäpfe), oder durch Gummifüße nicht auf dem Boden rutschen können. Für unsere langohrigen Freunde gibt es spezielle Schüsseln mit hohem Rand, damit die Ohren beim Fressen nicht im Napf landen. Wichtig: Reinigen Sie den Napf nach jeder Mahlzeit, denn Sauberkeit ist das A und O.

Die ersten Tage und Wochen mit Ihrem Welpen werden für beide eine Lernzeit sein. Bauen Sie eine feste Routine auf, einschließlich Fütterungszeiten, Toilettenpausen, Spiel- und Schlafenszeiten. Diese Konstanz gibt Ihrem Welpen Sicherheit und hilft ihm, sich schnell an sein neues Zuhause zu gewöhnen.

Vergessen Sie nicht, dass Welpen sehr viel Schlaf benötigen, also lassen Sie ihn viel ruhen und stellen Sie sicher, dass er einen ruhigen, sicheren Ort zum Schlafen hat. Es ist auch eine gute Idee, ihm so schnell wie möglich das Halsband und die Leine vorzustellen. Beginnen Sie langsam und halten Sie die Trainingseinheiten kurz und positiv.

Das Training mit Ihrem Welpen kann viel Geduld erfordern, aber es lohnt sich definitiv. Denken Sie daran, ihn immer zu belohnen, wenn er etwas richtig macht, anstatt ihn zu bestrafen, wenn er einen Fehler macht. Lob und positive Verstärkung sind der Schlüssel zu einem erfolgreichen Training und einer starken Bindung zwischen Ihnen und Ihrem Welpen.

Zusammenfassend lässt sich sagen, dass es viele Dinge zu bedenken gibt, wenn Sie einen Welpen aufnehmen. Aber mit der richtigen Vorbereitung und Planung können Sie und Ihr neuer vierbeiniger Freund ein sorgloses und glückliches Leben führen. Also, nehmen Sie sich die Zeit und informieren Sie sich gut. Ihr Welpe wird es Ihnen danken!

Spielzeugschrank auffüllen

Wenn Sie das erste Mal in einen Tierfachhandel gehen, werden Sie vermutlich erstaunt sein, wie viel Spielzeug es für Vierbeiner gibt. Es ist fast wie bei Kindern! Aber seien Sie vorsichtig: Nicht jedes bunte Quietschteil ist für

Ihren Welpen geeignet. Es sollte stabil genug sein, damit er keine Teile davon abbeißen und verschlucken kann. Es sollte auch groß genug sein, damit er es nicht verschlucken kann.
Gedrehte Stoffseile sind eine gute Wahl, da sie für langanhaltenden Spielspaß sorgen und ungefährlich sind, falls doch mal Fasern verschluckt werden. Große, stabile Gummibälle, die größer sind als das Maul Ihres Welpen, sind auch eine gute Idee.
Keine Schimpftiraden!

Es ist wichtig, dass Sie immer liebevoll, vorsichtig und geduldig mit Ihrem Welpen umgehen. Sollte er mal etwas kaputt machen oder eine Pfütze auf dem Teppich hinterlassen, schimpfen oder schreien Sie ihn nicht an. Das könnte ihn verängstigen und verwirren.

Versuchen Sie stattdessen, eine fröhliche und entspannte Atmosphäre zu schaffen, in der Sie und Ihr Welpe sich kennenlernen können. So wird er Ihnen schnell sein Vertrauen schenken und Sie legen den Grundstein für ein glückliches Zusammenleben.

Die Starterpackung

Ob Sie auf einem Bauernhof leben oder Ihr Hund in eine Stadtwohnung zieht, es gibt ein paar Basics, die Sie auf jeden Fall brauchen. Organisieren Sie diese Sachen, bevor Ihr Hund eintrifft, und platzieren Sie sie gleich an ihrem zukünftigen Platz.

- Futter- und Wassernapf: Wählen Sie stabile Modelle, am besten aus Keramik.
- Schlafplatz: Vermeiden Sie Weidengeflecht, da es beim Knabbern Verletzungen verursachen kann.
- Hundedecke: Sie sollte weich und waschbar sein.
- Hundemarke: Mit Ihren Kontaktinformationen und denen des Tierarztes.
- Halsband und Leine: Ein Halsband mit Sicherheitsverschluss und eine 2-Meter-Leine aus Leder oder Nylon sind ideal.
- Pflegeprodukte: Bürsten, Kämme und Hundeshampoo.
- Transportbox: Wählen Sie eine, die auch für Flugreisen zugelassen ist, falls Sie mit Ihrem Hund reisen möchten.
- Futter: Sorgen Sie für eine vollwertige, ausgewogene Ernährung.
- Leckereien: Ideal für Trainingseinheiten.
- Hundespielzeug: Denn Spielen ist wichtig!

Mit diesen Dingen sind Sie gut ausgerüstet und können entspannt in Ihr neu-

es Leben mit Hund starten. Alles Weitere wird sich mit der Zeit ergeben und abhängig vom Temperament Ihres neuen vierbeinigen Freundes sein.

Die erste Spritztour

Ihr Welpe wird beim Autofahren seekrank? Keine Sorge, das wird sich im 9. oder 10. Lebensmonat deutlich bessern. Theoretisch liegt das daran, dass das rasante Wachstum eines Welpen in seinen ersten Lebensmonaten auch sein Innenohr betrifft und ihn somit anfälliger für Bewegungs- und Reisekrankheit macht.

Mit dem Ende des Welpenwachstums nimmt also auch die Reisekrankheit ab.

Wenn also Autofahrten momentan einfach zu traumatisch für den kleinen
Vierbeiner sind, können Sie ihn in naher Zukunft langsam wieder daran gewöhnen.

Beginnen Sie mit kurzen Strecken. Aber bevor Sie die Fahrt starten, beachten
Sie bitte folgende Tipps, um sicherzustellen, dass es für Sie und Ihren jungen
Vierbeiner eine sichere und angenehme Autofahrt wird.

Sicherheit geht vor

Für Reisen im Auto sind Welpen oder ausgewachsene Hunde am sichersten
in einer zugelassenen Transportbox oder Sicherheitsdecke untergebracht, die
quer zur Fahrtrichtung im Auto befestigt wird. Ein Vorteil von Transportboxen
ist, dass Ihr Welpe auch bei einem Unfall noch gesichert ist. Falls Sie verletzt
sind oder das Auto schwer beschädigt ist, kann das Rettungsteam immer noch
leicht zu Ihrem Welpen gelangen.

Revierverteidigung

Im jugendlichen Alter neigen Hunde oft dazu, Passanten oder andere Hunde aus dem Auto heraus anzubellen. Wenn Ihr Welpe in einer Transportbox
untergebracht ist, kann es helfen, diese mit einem Handtuch abzudecken. So
bekommt Ihr kleiner Racker den vermeintlichen Störenfried gar nicht erst zu
sehen.

Auf's Kommando warten

Ganz wichtig: Der Welpe muss warten, bis Sie das Kommando zum Aussteigen
geben. So wird verhindert, dass er unbeaufsichtigt auf die Straße läuft. Wie
bei jedem Welpentraining ist es auch hier wichtig, Ihren Kleinen zu belohnen,
wenn er etwas gut gemacht hat.

Wenn Sie Ihrem Welpen beigebracht haben, dass Autofahren eine tolle Sache
ist und meistens positiv endet, dann sollte eine solche Fahrt für Sie beide zu
einem sicheren und freudigen Erlebnis werden.

Welpenspieltage

Frühkindliche Erziehung

Für Menschen heißt es „Was der Bauer nicht kennt, frisst er nicht" und das
gilt auch für Hunde. Bereits der Welpe sollte mit seiner Umgebung vertraut

gemacht und erzogen werden, um als ausgewachsener Hund keine Probleme
zu bereiten. Die Zeit zwischen der 3. und der 16. Lebenswoche ist besonders
wichtig, denn während dieser Phase ist Ihr Welpe in seiner Prägephase. Er ist
jetzt besonders empfänglich; was er in dieser Zeit lernt, prägt sein zukünftiges Verhalten maßgeblich.

Was wird in der Welpenschule gelehrt?

Während des Spiels mit gleichaltrigen Hunden trainieren die Welpen ihr Sozialverhalten und die Kommunikation untereinander. Gleichzeitig lernen sie
verschiedene Menschen, wie den Trainer und andere Welpenbesitzer, kennen.
In den meisten Welpenschulen stehen zudem die angstfreie Annäherung an
andere Menschen, das Nicht-Anspringen und das Nicht-Jagen anderer Tiere
auf dem Programm. Da sie viele Umwelteindrücke sammeln, sind sie als ausgewachsene Hunde in unbekannten Situationen gelassener.
Da der Trainer dieses Spielen erklärt, erhält auch der Besitzer wichtige Informationen, z.B. über das Sozialverhalten und die Kommunikation von Hunden.
Sollte ein Gerangel einmal zu weit gehen, kann der erfahrene Trainer die
Situation richtig einschätzen und gegebenenfalls eingreifen. Darüber hinaus
haben die meisten Welpenbesitzer zahlreiche Fragen an den Trainer und sind
dankbar für Tipps zu alltäglichen Problemen, wie z. B. der Sauberkeitserzie-
hung.
In kurzen Einheiten werden die Welpen spielerisch mit Kommandos vertraut
gemacht. Das realistische Ziel ist, dass die Welpen am Ende der Welpenschule
folgende Kommandos kennen: Sitz, Platz, Hier/Komm, Aus/Nein.

Wann beginnt die Schule?

Nachdem der Welpe vom Züchter abgeholt wurde, sollte er zunächst etwa
eine Woche Zeit haben, um sich an sein neues Zuhause und seine neue Familie zu gewöhnen. Der Welpe muss die für sein Alter notwendigen Impfungen
erhalten haben und es ist ratsam, bereits eine Haftpflichtversicherung für
Tierhalter abgeschlossen zu haben.

Woran erkennt man eine gute Welpenschule?

Idealerweise betreut ein Trainer nicht mehr als fünf bis sechs Welpen. Die
jungen Hunde sollten alle etwa gleich alt bzw. gleich stark sein. Der Trainer
muss die Fähigkeiten des einzelnen Welpen berücksichtigen und die Interaktionen in der Gruppe steuern. Es gibt Hundeschulen, die ihre Welpenstunden in
einem eingezäunten Bereich oder sogar einer Halle abhalten. Alternativ gibt
es mobile Hundeschulen, die ihre Kurse im Freien durchführen.

Unabhängig davon sollte die Ausstattung jede Menge bewegliche oder geräuschvolle Objekte umfassen, wie z.B. Tunnel, Wippen, Flatterbänder, Planen usw. Zum Programm einer Welpenschule gehört in der Regel ein Ausflug in die Stadt, wo der junge Hund mit Fahrrädern, Skateboards und ähnlichem vertraut gemacht wird.

Der Besuch einer Welpenschule mit Ihrem Welpen ist eine lohnenswerte Erfahrung! Es ist eine erstklassige Gelegenheit, Ihrem jungen Hund wichtige Fertigkeiten beizubringen und ihn auf das Leben in der „großen weiten Welt" vorzubereiten. Es bietet ihm auch die Möglichkeit, mit anderen Hunden zu interagieren und soziale Fähigkeiten zu entwickeln, die ihm im weiteren Leben zugutekommen werden. Daher ist es eine wertvolle Investition in die Zukunft Ihres Hundes und Ihre zukünftige Beziehung zu ihm.

Formen Sie Ihr Hündchen fürs Leben

Haben Sie gewusst, dass Hunde ab einem Alter von drei Wochen in eine Phase eintreten, die wir „Prägungsphase" nennen? In dieser spannenden Zeit verlassen die kleinen Fellknäuel ihr Nest und entdecken voller Neugier ihre Umwelt. Die Erfahrungen, die sie in dieser Phase mit ihrer Mama und ihren Geschwisterchen machen, prägen ihr zukünftiges Verhalten gegenüber anderen Hunden enorm. Und nicht nur das - je häufiger sie in dieser Zeit auf Menschen treffen, desto besser werden sie später mit uns Zweibeinern zurechtkommen.

Alles, was Ihrem Vierbeiner aus dieser frühen Phase seines Lebens bekannt ist, wird ihm später kaum Probleme bereiten. Das betrifft nicht nur den sozialen Umgang, sondern auch alltägliche Geräusche, wie das Brummen eines Autos, das Surren eines Rasenmähers oder das Summen eines Föhns. Wenn ein Hund in dieser Phase nur wenig Reizen ausgesetzt war, kann er später oft nervös oder sogar aggressiv auf seine Umwelt reagieren.

Etwas, was Ihr Hund in der Prägungsphase an sozialem Lernen verpasst hat, lässt sich später kaum aufholen. Das sollten Sie unbedingt im Hinterkopf behalten, wenn Sie sich auf die Suche nach Ihrem zukünftigen vierbeinigen Begleiter machen - oder genauer gesagt, wenn Sie den Züchter auswählen. Denn in der Regel zieht Ihr Welpe erst mit acht Wochen oder später bei Ihnen ein.

Achten Sie also darauf, dass Ihr zukünftiger Fellfreund einen guten Start ins Leben hatte. Er sollte auf keinen Fall alleine in einem Zwinger aufgewachsen sein, sondern am besten in einem Haus mit Garten. Und er sollte schon beim Züchter viele Kontakte gehabt haben - sowohl zu anderen Hunden als auch zu Menschen. Nur so kann er sich zu einem gut sozialisierten und selbstbewussten Hund entwickeln.

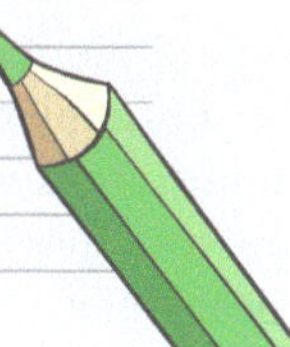

Ein toller Hund!

„Je mehr ich von Menschen sehe, desto mehr liebe ich meinen Hund." - Diogenes

Blau oder gelb – welcher ist sinnvoll?

Haben Sie sich auch schon einmal gefragt, was es mit dem blauen und gelben Ausweis für Haustiere auf sich hat? Der Unterschied zwischen beiden Ausweisen ist recht einfach zu erklären. Der gelbe Impfausweis fungiert als nationaler Standard und dokumentiert die Impfungen Ihres Haustieres. Dieser Ausweis wird üblicherweise vom Tierarzt oder gelegentlich auch vom Züchter ausgestellt. Er ist ausreichend, wenn Sie sich nur innerhalb Deutschlands bewegen und keine Reisen ins Ausland planen.

Sobald Sie jedoch mit Ihrem tierischen Begleiter die Landesgrenzen innerhalb der Europäischen Union überschreiten möchten, wird es Zeit für den blauen Heimtierausweis. Dieser Ausweis wurde durch eine EU-Verordnung eingeführt, um eine gewisse Ordnung in die verschiedenen Bestimmungen der EU-Länder zu bringen.

Der blaue Heimtierausweis ist für Hunde, Katzen und Frettchen verpflichtend und dient dazu, die Verbreitung von Tierseuchen wie beispielsweise Tollwut einzudämmen. Reptilien, Nager und Kaninchen sind glücklicherweise von dieser Pflicht ausgenommen, da sie keine Tollwutgefahr darstellen.

Wenn Sie also mit Ihrem Vierbeiner ins Ausland reisen möchten, sei es innerhalb der EU oder sogar weltweit, benötigen Sie den blauen Heimtierausweis. Das Besondere daran ist, dass er ein einheitliches Muster aufweist und jedem Tier eine eindeutige Nummer zugewiesen wird, ähnlich wie bei einer Personalausweisnummer. Dies erleichtert die Identifizierung Ihres Haustieres und ermöglicht es im Notfall, schnell den Besitzer festzustellen.

Es ist jedoch wichtig zu beachten, dass nicht jeder den Heimtierausweis ausstellen darf. Dies ist ausschließlich dem Tierarzt oder einer anderen autorisierten Stelle gestattet. Damit Ihr Tier den Ausweis erhält, muss es mit einem Mikrochip gekennzeichnet sein. Dadurch ist sichergestellt, dass es eindeutig identifiziert werden kann. Es gibt standardisierte Mikrochips, die von den gängigen Lesegeräten gelesen werden können. Sollte der Chip nicht den erforderlichen Standards entsprechen, müssen Sie als Tierhalter ein geeignetes Lesegerät bereitstellen.

Ein kleiner Haken besteht allerdings: Die Ausstellung des Heimtierausweises ist mit Kosten verbunden, die Sie als Tierhalter tragen müssen. Dies liegt daran, dass der Ausweis bestimmten Standards entsprechen muss und nur von qualifizierten Stellen ausgestellt werden darf. Seien Sie also darauf vorbereitet, dass bei der Beantragung des Ausweises Gebühren anfallen.

Es ist völlig klar, dass der Heimtierausweis nicht nur eine lästige Formalität ist. Er ist von großer Bedeutung, um sicherzustellen, dass Ihr tierischer Begleiter reibungslos in andere Länder reisen kann. Seien Sie also gut vorbereitet, besorgen Sie sich den blauen Heimtierausweis und starten Sie gemeinsam mit Ihrem tierischen Freund in neue Abenteuer!

Erziehung und Ausbildung Ihres Hundes

Hundeerziehung: Ein erster Leitfaden

Einen Hund zu erziehen ist eine herausfordernde, aber lohnende Aufgabe. Ob Sie einen Welpen oder einen erwachsenen Hund haben, die Erziehung spielt eine entscheidende Rolle für das Wohlbefinden des Hundes und die Qualität Ihrer Beziehung zu ihm. Im Folgenden finden Sie einen ausführlichen Leitfaden zur Hundeerziehung.

1. Verständnis der Hundeerziehung

Hundeerziehung ist ein Prozess, bei dem ein Hund lernt, bestimmte Verhaltensweisen auszuführen oder zu vermeiden, in der Regel durch den Einsatz von Befehlen, Belohnungen und Korrekturen. Die Erziehung kann auf verschiedene Aspekte des Verhaltens eines Hundes abzielen, einschließlich

Gehorsam, Sozialverhalten und spezielle Fähigkeiten.

2. Frühe Sozialisierung

Die Sozialisierung eines Hundes in jungen Jahren ist ein entscheidender Teil seiner Erziehung. Sozialisierung bedeutet, den Hund in verschiedenen Situationen und Umgebungen mit unterschiedlichen Menschen, Tieren und Geräuschen zu konfrontieren, um ihn an diese zu gewöhnen und sicherzustellen, dass er in der Zukunft nicht ängstlich oder aggressiv reagiert.

3. Grundlegendes Gehorsamstraining

Das Gehorsamstraining lehrt einen Hund, auf bestimmte Befehle zu reagieren, wie „Sitz", „Platz", „Hier" oder „Aus". Dies kann durch positive Verstärkung erreicht werden, bei der der Hund sofort nach dem Ausführen des gewünschten Verhaltens belohnt wird.

4. Erweitertes Training

Für Hunde, die bereits die Grundlagen des Gehorsams beherrschen, kann ein erweitertes Training sinnvoll sein. Dies kann spezialisierte Fähigkeiten umfassen, wie Apportieren, Spurensuche, Agilität oder spezifische Aufgaben für Arbeitshunde.

5. Problemverhalten

Einige Hunde können problematische Verhaltensweisen entwickeln, wie Aggression, Ängstlichkeit oder Zerstörungswut. In solchen Fällen kann eine spezielle Verhaltenstherapie notwendig sein. Es ist wichtig, professionelle Hilfe in Anspruch zu nehmen, wenn das Problemverhalten des Hundes die Lebensqualität des Hundes oder seine Sicherheit beeinträchtigt.

6. Kontinuierliches Lernen

Hundeerziehung ist kein einmaliger Prozess, sondern erfordert kontinuierliche Anstrengungen. Auch nachdem ein Hund die Grundlagen gelernt hat, ist es wichtig, das Training fortzusetzen, um seine Fähigkeiten zu festigen und zu erweitern.

7. Positive Verstärkung

Positive Verstärkung ist eine der effektivsten Methoden in der Hundeerziehung. Sie fördert das gewünschte Verhalten, indem sie es belohnt, anstatt unerwünschtes Verhalten zu bestrafen. Belohnungen können Leckerlis, Spielzeug, Lob oder körperlicher Kontakt sein.

8. Geduld und Konsequenz

Geduld und Konsequenz sind Schlüsselaspekte der Hundeerziehung. Es ist wichtig zu verstehen, dass das Erlernen neuer Verhaltensweisen Zeit braucht und dass Hunde Fehler machen können. Bleiben Sie geduldig und geben Sie klare, konsistente Anweisungen, um Ihren Hund zu leiten.

9. Die Rolle der Bindung

Die Beziehung, die Sie mit Ihrem Hund haben, spielt eine entscheidende Rolle bei seiner Erziehung. Ein Hund, der eine starke, positive Beziehung zu seinem Besitzer hat, wird wahrscheinlich eher bereit sein, zu lernen und zu gehorchen. Verbringen Sie viel Zeit mit Ihrem Hund, spielen Sie mit ihm und stellen Sie sicher, dass er seine Grundbedürfnisse erfüllt bekommt, einschließlich Futter, Wasser, Bewegung und soziale Interaktion.

10. Umgang mit Fehlverhalten

Wenn Ihr Hund ein unerwünschtes Verhalten zeigt, ist es wichtig zu wissen, wie man darauf reagiert. Negative Verstärkung oder Bestrafung kann oft kontraproduktiv sein und Angst oder Aggression beim Hund hervorrufen. Stattdessen sollten Sie unerwünschtes Verhalten ignorieren oder umleiten und gewünschtes Verhalten belohnen.

11. Professionelle Hilfe

Manchmal können Hundeerziehungsprobleme überwältigend sein und professionelle Hilfe kann erforderlich sein. Hundetrainer und Tierverhaltensberater können wertvolle Unterstützung und Anleitung bieten.

12. Fortlaufendes Training

Hundeerziehung sollte nicht aufhören, sobald Ihr Hund die Grundbefehle gelernt hat. Fortlaufendes Training hilft, die geistige Stimulation Ihres Hundes zu fördern und kann dazu beitragen, problematische Verhaltensweisen zu verhindern. Sie können weiterhin neue Befehle und Tricks einführen, je nach den Fähigkeiten und dem Interesse Ihres Hundes.

Grundtraining für Welpen: Früh übt sich!

Welpentraining ist ein entscheidender Schritt in der Entwicklung eines Hundes. Es legt das Fundament für zukünftige Verhaltensmuster, fördert die Bindung zwischen Hund und Halter und hilft dem Welpen, sich in seiner neuen Umgebung sicher und wohl zu fühlen. Hier sind einige wichtige Aspekte, auf die man sich bei einem Grundtraining für Welpen konzentrieren sollte.

1. Frühzeitige Sozialisierung

Die Sozialisierung ist einer der wichtigsten Aspekte des Welpentrainings. Junge Welpen sind sehr empfänglich für neue Erfahrungen, was diese Phase ideal für die Sozialisierung macht. Lassen Sie Ihren Welpen verschiedene Menschen, Umgebungen, Geräusche und andere Tiere kennenlernen. Dies kann dazu beitragen, dass Ihr Welpe zu einem selbstbewussten und gut angepassten erwachsenen Hund heranwächst.

2. Stubenreinheit

Eines der ersten Dinge, die ein Welpe lernen sollte, ist, seine Geschäfte draußen zu erledigen. Dies kann Geduld erfordern, da Welpen noch nicht die volle Kontrolle über ihre Blase und ihren Darm haben. Führen Sie den Welpen regelmäßig nach draußen, besonders nach dem Essen, Trinken, Spielen oder Schlafen, und loben Sie ihn, wenn er seine Geschäfte draußen erledigt.

3. Beißen hemmen

Welpen neigen dazu, beim Spielen zu beißen, da sie ihre Umgebung mit dem Maul erkunden. Es ist wichtig, dem Welpen beizubringen, dass es nicht akzeptabel ist, Menschen zu beißen. Wenn der Welpe beißt, sollten Sie das Spiel unterbrechen und ihm ein Spielzeug oder einen Kausnack anbieten, um seine Aufmerksamkeit umzulenken.

4. Grundbefehle

Welpen können schon in jungen Jahren einfache Befehle lernen, wie „Sitz", „Platz", „Hier" und „Aus". Beginnen Sie mit kurzen Trainingseinheiten und verwenden Sie positive Verstärkung, wie Leckerlis oder Lob, um den Welpen zu belohnen, wenn er den Befehl richtig ausführt.

5. Leinenführigkeit

Das Training an der Leine ist ein weiterer wichtiger Aspekt des Welpentrainings. Welpen sollten lernen, an einer lockeren Leine neben dem Halter zu gehen, ohne zu ziehen oder zu springen. Beginnen Sie mit kurzen Spaziergängen und üben Sie in einer ruhigen Umgebung, bevor Sie den Welpen in belebtere Gebiete führen.

6. Alleinsein

Es ist wichtig, dass Welpen lernen, alleine zu sein, um Trennungsangst zu vermeiden. Beginnen Sie mit kurzen Zeiträumen und erhöhen Sie diese allmählich, während der Welpe älter wird. Stellen Sie sicher, dass der Welpe sich in seinem Ruhebereich wohl fühlt und dass er genügend Spielzeug zur Beschäftigung hat, wenn er alleine ist.

7. Ruhe und Entspannung

Es ist genauso wichtig, Ihrem Welpen beizubringen, sich zu entspannen und zu ruhen, wie es ist, ihm Befehle beizubringen. Junge Hunde haben eine Menge Energie, aber sie brauchen auch viel Schlaf, um sich gesund zu entwickeln. Ein gutes Training sollte immer auch Pausen und Ruhezeiten beinhalten. Fördern Sie ruhiges Verhalten, indem Sie einen sicheren und komfortablen Schlafplatz für Ihren Welpen bereitstellen und diese ruhigen Zeiten nicht stören.

8. Positive Verstärkung

Positive Verstärkung ist eine Schlüsselstrategie im Welpentraining. Jedes Mal, wenn Ihr Welpe ein gewünschtes Verhalten zeigt, sollten Sie ihn sofort belohnen. Das kann durch freundliche Worte, Streicheleinheiten, Spiel oder Leckerlis geschehen. Dies verstärkt das Verhalten und motiviert den Welpen, es in Zukunft zu wiederholen.

9. Konsequenz

Welpen lernen am besten durch Konsequenz und Wiederholung. Wenn Sie ein Kommando oder eine Regel einführen, sollten Sie dabei bleiben und es regelmäßig üben. Stellen Sie sicher, dass alle Familienmitglieder die gleichen Befehle und Regeln befolgen, um Verwirrung zu vermeiden.

10. Geduld

Erinnern Sie sich daran, dass Welpen noch lernen und Fehler machen werden.
Es ist wichtig, geduldig zu sein und realistische Erwartungen zu haben. Wut
oder Frustration wird dem Training nicht helfen und kann den Welpen ängsti-
gen.

11. Soziale Interaktion

Welpen sollten die Möglichkeit haben, regelmäßig mit anderen Hunden zu
interagieren. Dies hilft ihnen, soziale Fähigkeiten zu entwickeln und die
Körpersprache anderer Hunde zu verstehen. Überlegen Sie sich, Ihren Welpen
in eine Welpenspielgruppe zu bringen oder organisierte „Spiel-Dates" mit
anderen Hunden zu arrangieren.

Fazit

Die Erziehung eines Welpen ist eine verantwortungsvolle und manchmal herausfordernde Aufgabe, die Geduld, Engagement und Liebe erfordert. Mit den
richtigen Techniken und einem positiven Ansatz kann das Training jedoch eine
lohnende Erfahrung sein, die den Grundstein für das zukünftige Verhalten
Ihres Hundes legt. Vergessen Sie nicht, dass das Ziel eines guten Trainings
ist, einen gesunden, glücklichen und gut angepassten Hund großzuziehen, der
ein geliebtes Mitglied Ihrer Familie ist.

7 verbreitete Irrtümer in der Welpenerziehung

1. So viele Wiederholungen wie möglich

Es ist ein weit verbreiteter Irrtum, dass unendliche Wiederholungen das
Lernen beschleunigen. Während Wiederholungen tatsächlich wichtig sind, um
Ihrem Welpen neue Befehle beizubringen, ist Qualität wichtiger als Quantität.
Übermäßige Wiederholungen können zu Überlastung und Langeweile führen.
Es ist besser, mehrere kurze Trainingseinheiten während des Tages zu vertei-
len, anstatt eine lange Sitzung durchzuführen.

2. Der Hund ist wie der Mensch

Hunde sind keine Menschen und sie denken auch nicht wie Menschen. Hunde
haben ihre eigene Art zu lernen und zu kommunizieren, die stark von der des
Menschen abweicht. Hunde leben im Hier und Jetzt und haben kein abstrak-
tes Denken wie Menschen.

3. Hunde haben ein schlechtes Gewissen

Hunde zeigen tatsächlich Verhaltensweisen, die Menschen als „schuldig"
interpretieren können, aber dies ist in der Regel eine Reaktion auf den Ton
und das Verhalten des Besitzers, nicht auf das Verständnis der Folgen ihres
Verhaltens. Sie erkennen, dass Sie wütend sind, aber sie verstehen nicht unbedingt, warum.

4. Der Hund versteht genau, was ich sage

Während Hunde lernen können, auf bestimmte Wörter oder Befehle zu reagieren, verstehen sie die menschliche Sprache nicht auf die gleiche Weise, wie
wir es tun. Oft reagieren sie mehr auf unseren Ton, unsere Körpersprache und
unsere Stimmung als auf die tatsächlichen Wörter, die wir sagen.

5. Konsequenz ist unwichtig

Das genaue Gegenteil ist der Fall. Konsequenz ist extrem wichtig in der Hundeerziehung. Hunde lernen durch Wiederholung und Verstärkung. Wenn Sie
inkonsequent sind, kann Ihr Welpe verwirrt werden und es ist schwieriger für
ihn, zu lernen, was Sie von ihm erwarten.

6. Gassi gehen reicht

Gassi gehen ist eine wichtige Aktivität, aber es reicht nicht aus, um alle Bedürfnisse Ihres Welpen zu erfüllen. Welpen brauchen auch geistige Anregung,
Training, Sozialisierung und Spielzeit. Es ist wichtig, ein Gleichgewicht zwischen körperlicher Aktivität und geistiger Anregung zu finden.

7. Härte muss sein

Härte oder Strafen sind nicht nur unnötig, sondern können auch kontraproduktiv und schädlich sein. Gewalt oder Bestrafung können zu Angst, Un-
sicherheit und sogar Aggression führen. Positive Verstärkung ist eine viel
effektivere und freundlichere Methode, um Ihrem Welpen beizubringen, was
Sie von ihm erwarten.

Völlig veraltete Erziehungsmethoden, die Sie unbedingt vermeiden müssen:

1. Dem Hund zeigen, wer der Boss ist

Dieser Ansatz basiert auf der Theorie, dass Hunde in einer strengen Hierarchie leben und der Mensch der „Alpha" oder „Rudelführer" sein muss. Diese Theorie wurde jedoch inzwischen stark in Frage gestellt. Hunde sind keine Wölfe und selbst bei Wölfen ist die Hierarchie komplexer und dynamischer, als man früher dachte. Es ist wichtiger, eine positive, respektvolle Beziehung zu Ihrem Hund aufzubauen, basierend auf gegenseitigem Vertrauen und Verständnis, anstatt Dominanz zu zeigen.

2. Stachelhalsbänder sind verboten

Stachelhalsbänder, die dem Hund Schmerzen zufügen, wenn er an der Leine
zieht, wurden lange Zeit als wirksame Methode zur Korrektur unerwünschten
Verhaltens angesehen. Inzwischen sind sie in vielen Ländern verboten und
von Tierärzten und Hundeexperten weltweit abgelehnt. Sie können physischen
Schaden und emotionale Traumata verursachen und sind nicht effektiv bei der
Behebung der zugrunde liegenden Ursachen für problematisches Verhalten.

3. Den Hund auf den Rücken drehen

Dies wird manchmal als „Alpha-Roll" bezeichnet und wurde als Methode zur
Demonstration der Dominanz gegenüber dem Hund propagiert. Diese Praxis
ist jedoch gefährlich und kann zu Angst und Aggression bei Hunden führen.
Es kann auch die Vertrauensbeziehung zwischen Mensch und Hund zerstören.

4. Hundenase in Kot oder Urin drücken

Früher glaubte man, dass das Drücken der Nase des Hundes in seinen Kot
oder Urin eine effektive Methode ist, um ihn stubenrein zu machen. Heute
wissen wir, dass dies nicht nur unwirksam, sondern auch grausam und verwirrend für den Hund ist. Stattdessen sollte positive Verstärkung verwendet
werden, um dem Hund beizubringen, wo er seine Geschäfte erledigen soll.

5. Den Hund am Nackenfell schütteln

Einige Leute glauben, dass das Schütteln eines Hundes am Nackenfell eine
natürliche Korrekturmethode ist, da es Hündinnen mit ihren Welpen tun. Aber
es ist nicht nur gefährlich (es kann Verletzungen am Hals und der Wirbelsäu-
le verursachen), es ist auch sehr einschüchternd für den Hund und kann zu
Angst und Misstrauen führen.

6. Schnauzengriff beim Hund

Der Schnauzengriff, bei dem die Schnauze des Hundes fest geschlossen wird,
ist eine weitere veraltete Methode, die oft als Bestrafung oder zur Korrektur
unerwünschten Verhaltens verwendet wurde. Wie andere veraltete Methoden
kann auch der Schnauzengriff Angst und Aggression hervorrufen und das
Vertrauen zwischen Mensch und Hund schädigen. Es gibt viel effektivere und
humanere Methoden zur Korrektur unerwünschten Verhaltens, wie positive
Verstärkung und professionelles Verhaltenstraining.

Die schlimmsten Fehler in der Hundeerziehung

Eine solide Erziehung Ihres Hundes ist unerlässlich. Es ist jedoch wichtig
zu verstehen, dass wenn Ihr Vierbeiner nicht immer gehorcht, dies nicht
zwangsläufig auf schlechtes Benehmen hindeutet. Oftmals versteht der Hund
schlichtweg nicht, was Sie von ihm verlangen. Deshalb sollten Hundebesitzer
die folgenden häufigen Fehler in der Hundeerziehung unbedingt vermeiden:

1. Ein Befehl sollte genügen

Ihr Hund leidet nicht unter Gehörproblemen. Wenn er das Kommando versteht, reicht ein einziger Aufruf aus. Jeder zusätzliche Aufruf ist überflüssig
und schwächt Ihre Glaubwürdigkeit. Wenn Sie ständig „Hier!" rufen, ist es
unwahrscheinlich, dass er kommen wird. Durch ständiges Rufen zeigen Sie
ihm nur, wo Sie sind und dass Sie auf ihn warten (oder ihm sogar folgen?).
Bleiben Sie konsequent und vor allem bestimmt. Ihr Hund wird das bemerken.

2. Körpersprache ist der Schlüssel

Die Körpersprache des Menschen spielt eine zentrale Rolle bei der Erziehung
eines Hundes. Ihr Hund interpretiert Ihre Mimik sowie die Betonung Ihrer
Worte. Wenn Ihre Haltung und Gestik nicht stimmig sind, haben Sie schon
verloren. Ein Hundehalter, der vor Wut zittert und „Komm her" befiehlt, wird
wahrscheinlich eine Weile auf seinen Hund warten müssen.

3. Schlamperei in der Hundeerziehung ist ein No-Go

Konsequenz ist das oberste Gebot in der Hundeerziehung. Einmal aufgestellte
Regeln müssen eingehalten werden. Sobald Sie nachlässig werden, geben Sie
Ihrem Hund freie Hand. Was er einmal gelernt hat, kann er genauso schnell
wieder vergessen.

4. Lob erfordert gutes Timing

Die Hundeerziehung basiert vor allem auf Belohnungen. Ein Hund möchte
Anerkennung für das, was er getan hat. Diese sollte aber unmittelbar auf das
richtige Verhalten des Hundes folgen. Wenn Sie zu lange brauchen, um ein
Leckerli aus Ihrer Tasche zu holen, kann die Belohnung negative Auswirkungen haben.

Wenn Sie Ihrem Hund in der Hektik ein Leckerli geben, während er winselt,
verknüpft er negatives Verhalten mit einer Belohnung und wird es wahr-

scheinlich immer wieder versuchen. Übermäßiges Belohnen kann dazu führen, dass der Hund nur noch auf Kommando reagiert, wenn eine Belohnung in Aussicht steht.

5. Sozialisierung des Hundes

Ein Mangel an Sozialisierung in jungen Jahren kann später zu Konflikten mit anderen Hunden führen. Es ist sehr wichtig für die Entwicklung eines Hundes, dass er bereits als Welpe Kontakt mit anderen Hunden hat, beispielsweise in einer Hundeschule. Dort können sie lernen, sich durchzusetzen oder unterzuordnen, was für die Lernphase extrem wichtig ist. Auch der ausgiebige Kontakt zwischen Hund und Mensch ist sehr wichtig. Wenn Hunde zu viel alleine sind und nicht genügend körperlich und geistig gefordert werden, kann das negative Auswirkungen auf die Gesundheit des Hundes haben.

6. Unzureichende Gewöhnung an das Alleinsein

Es wird unvermeidlich Zeiten geben, in denen Sie Ihren Hund alleine lassen müssen. Wenn er jedoch nicht bereits als Welpe gelernt hat, alleine zu bleiben, wird er als ausgewachsener Hund jammern, sobald er alleine ist. Beginnen Sie frühzeitig damit, Ihren Hund daran zu gewöhnen und starten Sie mit kurzen Intervallen von 10 Minuten, die Sie dann schrittweise verlängern.

Zusammenfassend lässt sich sagen, dass eine effektive Hundeerziehung auf klaren Regeln und konsistentem Handeln basiert. Die meisten Fehler passieren wahrscheinlich ohne Ihr Wissen. Solange Sie jedoch diese Disziplin beibehalten, sollten Sie in der Lage sein, in relativ kurzer Zeit einen gut erzogenen Hund an Ihrer Seite zu haben.

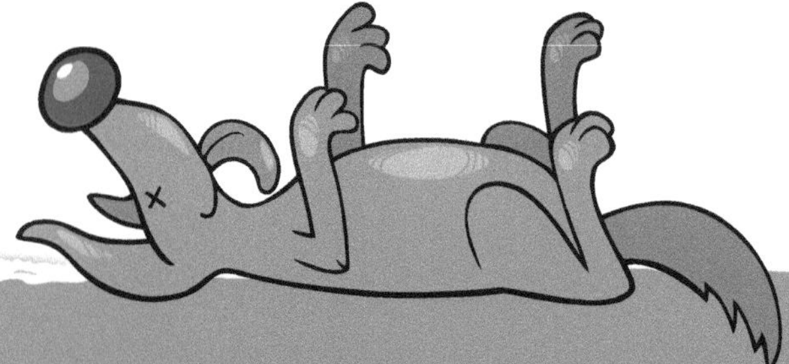

"Du kannst deinem Hund etwas richtig Dummes sagen, und er wird dir einen Blick zuwerfen, der sagt: „Wow, du hast recht! Darauf wäre ich nie gekommen!"

Dave Barry

Das muss Ihr Hund unbedingt lernen!

Im Umgang mit Hunden wird oft davon gesprochen, wie wichtig es ist, ihnen Grundkommandos beizubringen. Doch warum ist dies eigentlich so essentiell? Dieser Artikel bietet eine Einführung in die Bedeutung und den Nutzen von Grundkommandos für Hunde.

Grundkommandos dienen als elementare Kommunikationsschnittstelle zwischen Mensch und Hund. Durch sie erhält der Hund klare Anweisungen, was von ihm erwartet wird, und der Mensch kann sicherstellen, dass der Hund entsprechend handelt. Das Erlernen dieser Kommandos ist daher von zentraler Bedeutung für eine funktionierende Beziehung zwischen Hund und Halter.

Eines der Hauptargumente für das Erlernen von Grundkommandos ist die Sicherheit. Kommandos wie „Sitz", „Platz" oder „Bleib" können in verschiedenen Situationen äußerst hilfreich sein, um potenzielle Gefahren zu vermeiden.

Sie erlauben es dem Halter, den Hund in sicherer Entfernung zu halten, etwa bei nahendem Straßenverkehr oder in der Nähe von anderen Tieren. Zudem erleichtern sie den Umgang mit dem Hund in öffentlichen Räumen, indem sie das Verhalten des Hundes vorhersehbarer und kontrollierbarer machen.

Ein weiterer wichtiger Aspekt ist die Förderung des sozialen Miteinanders. Grundkommandos können dazu beitragen, dass der Hund besser mit anderen Hunden, Menschen oder Tieren interagiert. Ein Hund, der auf Kommandos hört, wird oft besser akzeptiert und als weniger störend wahrgenommen. Dies kann zu einem harmonischeren Zusammenleben in der Gemeinschaft beitragen.

Auch die geistige Stimulation des Hundes spielt eine wichtige Rolle. Das Erlernen von Kommandos fordert den Hund geistig heraus und trägt zur geistigen Fitness bei. Es gibt dem Hund eine Aufgabe, hält ihn aktiv und kann dazu beitragen, Verhaltensprobleme, die durch Unterforderung entstehen können, zu vermeiden.

Zudem stärkt das Erlernen von Kommandos die Bindung zwischen Mensch und Hund. Durch gemeinsames Training und die dadurch entstehende Kommunikation vertieft sich die Beziehung und das gegenseitige Vertrauen wächst. Dies trägt dazu bei, dass der Hund sich sicherer fühlt und besser auf den Halter reagiert.

Zusammenfassend lässt sich sagen, dass das Erlernen von Grundkommandos für Hunde aus verschiedenen Gründen wichtig ist. Sie tragen zur Sicherheit des Hundes und seiner Umgebung bei, fördern soziale Interaktionen, bieten geistige Stimulation und stärken die Bindung zwischen Hund und Halter. Daher sollte jeder Hundehalter in Erwägung ziehen, seinem vierbeinigen Freund diese grundlegenden Fertigkeiten beizubringen.

Wie das funktionieren kann, erfahren Sie in einem kleinen Crash-Kurs auf den folgenden Seiten.

Sitz!

Sitz: Dies ist oft eines der ersten Kommandos, das Hunde lernen. Es ist relativ einfach zu unterrichten und kann in vielen Situationen nützlich sein.

Das Training des Sitz-Kommandos

Für das Training des Sitz-Kommandos empfiehlt es sich, eine ruhige und ab-lenkungsfreie Umgebung zu wählen, in der sich Ihr Hund wohl fühlt. Halten Sie ein Leckerli leicht über den Kopf des Hundes und bewegen Sie Ihre Hand langsam nach oben. Ihr Hund wird dem Leckerli mit den Augen folgen und dabei automatisch in eine sitzende Position gehen.

Eine alternative Methode ist die Verwendung eines Klickers. Wenn der Hund das Kommando ausführt, geben Sie einen kurzen Klick ab und belohnen Sie ihn anschließend mit einem Leckerli. Vergessen Sie dabei nicht, ihn auch verbal zu loben. Mit der Zeit können Sie das Leckerli weglassen und der Klicker wird als positive Verstärkung ausreichen.

Während sich der Hund setzt, sagen Sie das Wort „Sitz" deutlich. Sobald er das gewünschte Verhalten zeigt, belohnen und loben Sie ihn. Schrittweise können Sie die Entfernung zwischen Ihnen und Ihrem Hund vergrößern. Wenn er auf Sie zukommt anstatt sich hinzusetzen, beginnen Sie erneut und belohnen Sie ihn erst, wenn er die Übung richtig ausführt. Sie können auch die Dauer erhöhen, in der Ihr Hund sitzen bleiben soll. Beenden Sie das „Sitz" immer mit einem Auflösesignal wie „O.k." und einer entsprechenden Handbewegung. Sobald Ihr Hund das Verhalten verinnerlicht hat, können Sie das Sitz-Kommando auch in Umgebungen mit mehr Ablenkung trainieren, beispielsweise während eines Spaziergangs.

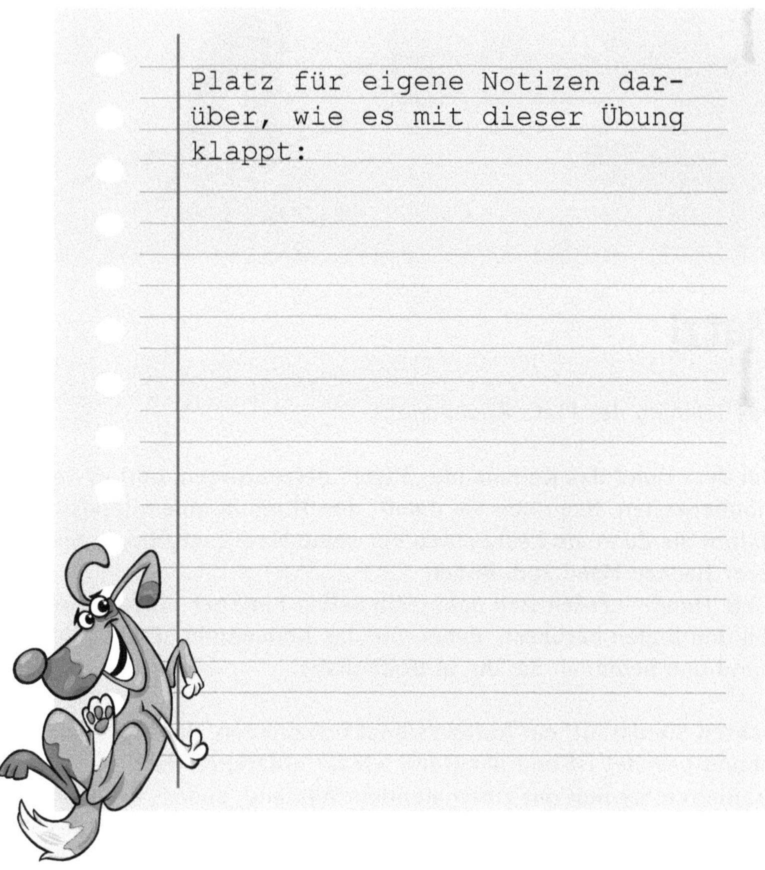

Platz!

Das Training des Platz-Kommandos

Um dem Hund das Kommando „Platz" beizubringen, gibt es verschiedene
Möglichkeiten. Beginnen Sie damit, den Hund in eine Sitzposition zu führen.
Halten Sie dann ein Leckerchen vor seine Nase und senken Sie es langsam mit
Ihrer flachen Hand zum Boden.
Viele Hunde werden sich dabei von selbst hinlegen. Sobald Brust und Hinter-
teil den Boden berühren, geben Sie das Kommando „Platz", loben Sie den
Hund und belohnen Sie ihn in Bodennähe.

Achten Sie darauf, ein Auflösesignal festzulegen, das signalisiert, dass die
Übung beendet ist und der Hund wieder aufstehen darf.
Trainieren Sie nun mit zunehmendem Abstand, sodass der Hund das Signal
(eine flache Hand, die sich in Richtung Boden bewegt) und das Wort „Platz"

mit dem Hinlegen verbindet. Sie können auch die Dauer des Liegens allmählich erhöhen und das Training in einer Umgebung mit mehr Ablenkungen
durchführen, um den Hund herauszufordern.

Platz für eigene Notizen darüber, wie es mit dieser Übung
klappt:

Bleib!

Das Training des Befehls „Bleib!"

Das Kommando „Bleib!" ist äußerst nützlich, um Ihren Hund an einem bestimmten Ort zu halten. Es kann in verschiedenen Alltagssituationen hilfreich sein, beispielsweise beim Passieren von Joggern oder Radfahrern während eines Spaziergangs oder beim Warten in Cafés oder Supermärkten. Auch zu Hause kann das Kommando nützlich sein, wenn Ihr Hund an seinem Platz bleiben soll. In der Regel wird das Kommando „Bleib!" in Verbindung mit den Kommandos „Sitz!" und „Platz!" verwendet, die Ihr Hund bereits beherrschen sollte.

So trainieren Sie das Kommando „Bleib!"

Für die ersten Übungen empfiehlt es sich, eine relativ ablenkungsfreie Umgebung zu wählen. Beginnen Sie damit, Ihren Hund in die Sitz- oder Platz-Position zu bringen. Gehen Sie dann einige Schritte rückwärts und geben Sie das Signal „Bleib!" zusammen mit einer aufrechten flachen Hand (Stoppzeichen). Wenn Ihr Hund in der Position bleibt, beenden Sie die Übung, indem Sie ihn beispielsweise zu sich rufen (Auflösesignal). Gehen Sie zu ihm zurück und belohnen Sie sein Verhalten, jedoch nur, wenn er bis zum Auflösesignal ausgeharrt hat.

Im nächsten Schritt können Sie die Dauer und Entfernung allmählich erhöhen. Geben Sie das Kommando nur einmal und wiederholen Sie es nicht fortlaufend. Ein Tipp: Viele Hunde finden es einfacher zu warten, wenn sie einen speziellen markierten Platz wie eine Decke, ein Körbchen oder ein Handtuch haben, auf dem sie sich sicher und geborgen fühlen.

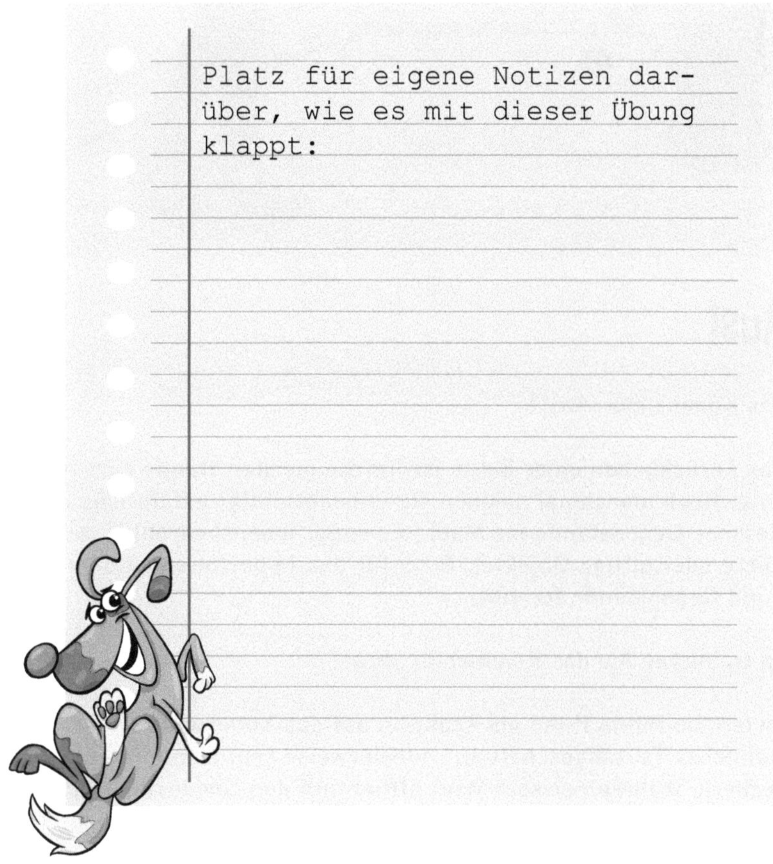

Aus!

Das Kommando „Aus!"

Das Zurückgeben einer Beute ist für die meisten Hunde eine Herausforderung. Doch manchmal nehmen sie unbeabsichtigt gefährliche oder unangemessene Gegenstände ins Maul, die sogar lebensbedrohlich sein können (z. B. spitze oder giftige Objekte). Auch für das Apportieren ist es wichtig, dass der Hund Gegenstände freigibt.

So trainieren Sie das Kommando „Aus!"

Bieten Sie Ihrem Hund als Reaktion auf das Kommando „Aus!" ein unwiderstehliches Tauschgeschäft an - idealerweise sein Lieblingsspielzeug oder ein Leckerli. Während er sein Maul öffnet und den Gegenstand fallen lässt, sagen Sie ruhig und entschlossen „Aus!" und überreichen ihm das interessantere

Tauschobjekt. Später genügt es, ihn einfach zu loben, um das gewünschte Verhalten zu bestärken.

Platz für eigene Notizen darüber, wie es mit dieser Übung
klappt:

Nein!

Das Kommando „Nein!"

Das Kommando „Nein!" setzt klare Grenzen für bestimmte Gegenstände oder Verhaltensweisen. Es ist eines der entscheidenden Kommandos in der Hunde-erziehung und vereinfacht das Zusammenleben mit dem Hund erheblich. Es gibt zahlreiche Dinge, die der Hund nicht tun darf: das Stehlen von Essen oder das Zerbeißen der Lieblingsschuhe seines Frauchens zum Beispiel. Im Training gegen Giftköder rettet das Kommando „Nein!" sogar Leben. Üben Sie dieses Signal daher gründlich ein und verwenden Sie es nicht zu häufig, um seine wichtige Signalwirkung aufrechtzuerhalten.

So trainieren Sie das Kommando „Nein!"

Halten Sie ein Leckerli in Ihrer offenen Hand. Wenn Ihr Hund versucht, es zu nehmen, sagen Sie klar und entschlossen „Nein!" und schließen Ihre Hand. Öffnen Sie dann erneut Ihre Hand und wiederholen Sie den Vorgang. Erst wenn Ihr Hund nicht mehr ungeduldig Ihre Hand anstupst und stattdessen Blickkontakt zu Ihnen sucht, öffnen Sie Ihre Hand und erlauben ihm mit dem Wort „Freigabe", das Leckerli zu nehmen. Im nächsten Schritt legen Sie das Leckerli auf den Boden und wiederholen die Übung.

Platz für eigene Notizen darüber, wie es mit dieser Übung klappt:

Komm!

Das Signal „Komm!"

Ein zuverlässiges Signal zur Rückkehr ist von entscheidender Bedeutung und gehört zu den wichtigsten Kommandos, die Ihr tierischer Begleiter beherrschen sollte. Es dient dem Schutz des Hundes, des Menschen und der Umwelt und ermöglicht ihm gleichzeitig den Freilauf. Das Signal „Komm!" wird von den meisten Hunden schnell erlernt, da sie dieses Verhalten oft von sich aus zeigen. Insbesondere Welpen haben die natürliche Neigung, ihren Zweibeinern zu folgen oder sie nach abenteuerlichen Erkundungstouren in unbekannten Situationen wieder aufzusuchen.

So trainieren Sie das Signal „Komm!"

Wenn der Hund zu Ihnen kommt, geben Sie das Signal „Komm!" und freuen sich über seine Ankunft. Ein freundliches „Komm!" und eine offene Körperhaltung laden den Hund ein, in jeder Situation gerne zu Ihnen zu kommen. Sobald der Hund bei Ihnen ist, belohnen Sie ihn sofort mit Leckerlis, Streicheleinheiten oder seinem Lieblingsspielzeug. Jede Rückkehr sollte immer positiv verstärkt und so attraktiv wie möglich gestaltet werden, um eine nachhaltige Festigung des Rückrufs zu gewährleisten.

Der Trick besteht darin, sich selbst interessanter zu machen als die Umgebung. Zusätzlich zur verbalen Stimme können Sie auch mit einem Signalgerät wie einer Hundepfeife* arbeiten. Pfeifen Sie und verbinden Sie dies mit dem Signal „Komm!". Ähnlich wie beim Klicker wird der Hund bald die Pfeife mit dem Signal in Verbindung bringen und Sie können auf den verbalen Befehl verzichten.

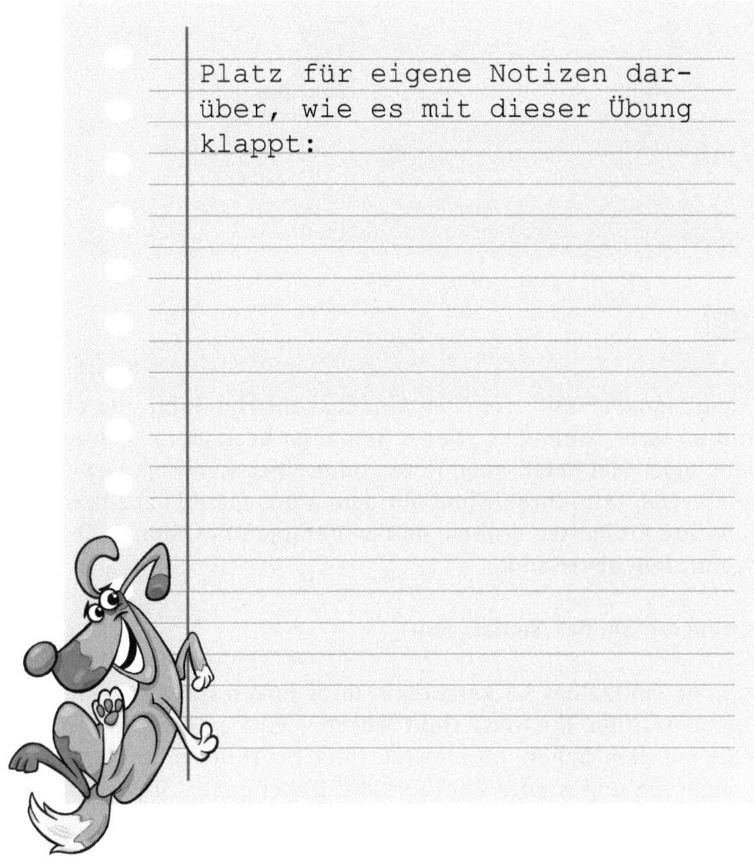

Fuss!

Mit dem Signal „Fuß!" erreichen Sie, dass Ihr Hund mit und ohne Leine entspannt an Ihrer Seite geht. Dieses Signal ist besonders wichtig, wenn Sie sich entlang einer viel befahrenen Route oder eines Radwegs bewegen. Es kann auch hilfreich sein, Ihren Hund mit dem Signal „Fuß!" abzulenken, wenn unerwünschte Ereignisse drohen, da das Befolgen des Signals Ihrem Hund viel Konzentration abverlangt.

So trainieren Sie das Signal „Fuß!"

Halten Sie ein kleines Leckerchen in Ihrer linken Hand und starten Sie in der Ausgangsposition: Ihr Hund steht mit der Leine an Ihrer linken Seite. Beginnen Sie mit dem Gehen. Im Idealfall folgt Ihr Hund Ihrer Hand mit der Nase und sucht hin und wieder Blickkontakt. Dabei geben Sie das Signal „Fuß!". Wenn Ihr Hund entspannt neben Ihnen geht, geben Sie ihm eines der Leckerchen als Belohnung. Wenn Ihr Hund jedoch ungeduldig zieht oder bellt, bleiben Sie stehen und setzen Sie den Weg erst fort, wenn er sich beruhigt hat.

Im nächsten Fuß variieren Sie das Tempo. In einem weiteren Fuß können Sie auch ohne Leine üben, jedoch zunächst in einem eingezäunten Bereich oder mit einer langen Leine zur Sicherheit. Da diese Übung von Ihrem Hund – unabhängig von seinem Alter – viel Konzentration erfordert, empfiehlt es sich, nur in kurzen Trainingsphasen mit ihm zu üben.

Platz für eigene Notizen darüber, wie es mit dieser Übung klappt:

Jetzt!

Jetzt: Dieses Kommando kann verwendet werden, um Ihrem Hund zu signalisieren, dass er eine vorher angehaltene oder erwartete Aktion nun ausführen darf. Es ist besonders hilfreich, um Ihren Hund beispielsweise geduldig auf sein Futter warten zu lassen.

Beginnen Sie damit, Ihren Hund vor seinem Futter sitzen zu lassen. Halten Sie ihn zurück und sagen Sie deutlich „Warten". Zeigen Sie mit Ihrem Handzeichen, dass er warten soll.

Lassen Sie ihn einige Sekunden warten, dann sagen Sie „Jetzt" und zeigen Sie mit Ihrem Handzeichen, dass er nun darf. Wenn Ihr Hund zum Futter geht, nachdem Sie „Jetzt" gesagt haben, loben Sie ihn und lassen Sie ihn fressen. Üben Sie dieses Kommando regelmäßig, indem Sie die Wartezeit schrittweise verlängern. Es ist wichtig, dass Ihr Hund lernt, geduldig zu sein und auf Ihr

Signal zu warten, bevor er eine Aktion ausführt.
Sie können dieses Kommando auch in anderen Situationen verwenden, zum
Beispiel wenn Sie möchten, dass Ihr Hund vor der Tür wartet, bevor er nach
draußen darf, oder wenn Sie ein Spielzeug werfen und möchten, dass er wartet, bis er es holen darf.

Platz für eigene Notizen darüber, wie es mit dieser Übung
klappt:

Jagdinstinkt beherrschen.

Nicht jagen: Dieses Kommando ist besonders wichtig für Hunde, die einen starken Jagdtrieb haben. Es kann dazu beitragen, Ihren Hund davon abzuhalten, Tiere zu jagen oder in gefährliche Situationen zu geraten.

Um Ihrem Hund das Kommando „Nicht jagen" beizubringen, beginnen Sie in einer sicheren und kontrollierten Umgebung. Sie können ein Spielzeug verwenden, das sich bewegt, um den Jagdtrieb Ihres Hundes anzusprechen, wie zum Beispiel eine Spielzeugmaus an einer Schnur.

Wenn Ihr Hund das Spielzeug jagt, sagen Sie das Kommando „Nicht jagen" und lenken Sie seine Aufmerksamkeit auf sich, entweder mit einem Leckerli oder einem anderen Spielzeug. Wenn er aufhört zu jagen und zu Ihnen kommt, loben Sie ihn und geben Sie ihm ein Leckerli.
Üben Sie dieses Kommando regelmäßig und in verschiedenen Situationen. Mit

der Zeit sollten Sie das Training in eine Umgebung mit mehr Ablenkungen verlagern, wie zum Beispiel einen Park mit Eichhörnchen oder Vögeln. Seien Sie geduldig und konsequent. Es kann einige Zeit dauern, bis Ihr Hund dieses Kommando vollständig versteht, besonders wenn er einen starken Jagdtrieb hat.

Das waren alle Grundkommandos, die wir besprechen wollten. Jedes dieser Kommandos kann dazu beitragen, die Sicherheit und das Wohlbefinden Ihres Hundes zu verbessern, sowie Ihre Beziehung zu stärken. Denken Sie daran, dass Training Geduld und Konsequenz erfordert, und dass es wichtig ist, Ihren Hund immer mit Liebe und Respekt zu behandeln. Viel Spaß beim Training!

Platz für eigene Notizen darüber, wie es mit dieser Übung
klappt:

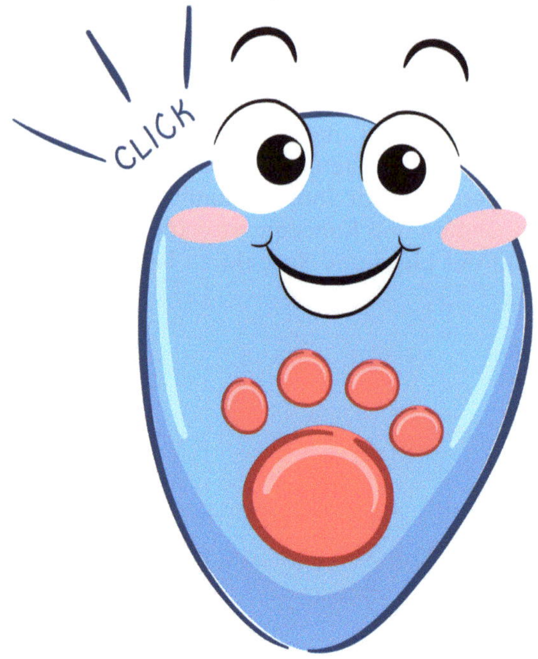

Klickertraining leicht gemacht.

Das Klickertraining ist eine effektive und wissenschaftlich fundierte Methode zur Hundeerziehung und -training, die auf den Prinzipien des operanten Konditionierens basiert. Es ist eine Methode, die positive Verstärkung verwendet, um gewünschtes Verhalten zu belohnen und zu fördern. In diesem umfassenden Artikel erfahren Sie, was Klickertraining ist, wie es funktioniert, welche Vorteile es bietet und wie Sie es effektiv einsetzen können.

Was ist Klickertraining?
Klickertraining ist eine Methode der Hundeerziehung, bei der ein spezieller „Klicker" - ein kleines Gerät, das einen deutlichen Klick-Ton erzeugt - verwendet wird, um dem Hund zu signalisieren, dass er etwas richtig gemacht hat. Der Klicker dient als „Brückenwort" oder „Marker", der den exakten Moment des gewünschten Verhaltens markiert und dem Hund sagt: „Genau das hast du richtig gemacht!"

Im Grunde ist der Klicker ein Kommunikationswerkzeug. Er liefert eine klare und konsistente Botschaft, die Hunde leicht verstehen können. Der Klick-Ton ist immer gleich und wird vom Hund nicht mit anderen Geräuschen oder menschlichen Stimmen verwechselt.

Wie funktioniert das Klickertraining?
Das Prinzip des Klickertrainings basiert auf dem operanten Konditionieren, einer Lerntheorie, die besagt, dass das Verhalten durch seine Konsequenzen geformt wird. Wenn ein Verhalten zu einer positiven Konsequenz führt (z.B. einer Belohnung), wird es wahrscheinlich wiederholt.

Im Klickertraining wird der Klicker verwendet, um den genauen Moment des gewünschten Verhaltens zu markieren. Sobald der Hund das gewünschte Verhalten zeigt, wird der Klicker betätigt und der Hund wird sofort belohnt. Auf diese Weise lernt der Hund, dass der Klick-Ton eine Belohnung ankündigt und dass das markierte Verhalten zu einer Belohnung führt.

Ein typisches Trainingsszenario könnte folgendermaßen aussehen: Nehmen wir an, Sie möchten Ihrem Hund beibringen, „Sitz" zu machen. Sie warten, bis Ihr Hund sich von selbst hinsetzt. In dem Moment, in dem sein Hinterteil den Boden berührt, klicken Sie und geben ihm sofort eine Belohnung. Ihr Hund wird schnell lernen, dass das Sitzen zum Klick und zur Belohnung führt.

Vorteile des Klickertrainings
Klickertraining bietet eine Reihe von Vorteilen gegenüber anderen Trainings-methoden:

Klare Kommunikation: Der Klicker liefert eine klare und eindeutige Botschaft. Es gibt keine Verwirrung oder Fehlinterpretationen, wie es manchmal bei ver-balen Befehlen der Fall sein kann.

Schnelles Lernen: Da der Klicker den genauen Moment des gewünschten Ver-haltens markiert, kann der Hund schnell lernen, welches Verhalten belohnt wird.

Positive Verstärkung: Klickertraining basiert auf positiver Verstärkung, was bedeutet, dass gewünschtes Verhalten belohnt und gefördert wird, anstatt unerwünschtes Verhalten zu bestrafen. Dies fördert ein positives Lernumfeld und stärkt die Beziehung zwischen Ihnen und Ihrem Hund.

Flexibilität: Klickertraining kann für eine Vielzahl von Verhaltensweisen und Kommandos verwendet werden, von einfachen Kommandos wie „Sitz" und „Platz" bis hin zu komplexeren Tricks und Fertigkeiten.

Baut Vertrauen und Bindung auf: Da das Klickertraining auf Belohnung und nicht auf Bestrafung basiert, wird es von den Hunden oft positiv aufgenom-men, was das Vertrauen und die Bindung zwischen Ihnen und Ihrem Hund stärkt.

Klickertraining erfolgreich einsetzen: Tipps und Tricks
1. Den Klicker „aufladen": Bevor Sie mit dem Klickertraining beginnen, sollten Sie den Klicker „aufladen" oder „konditionieren". Dies bedeutet, dass Sie Ihren Hund darauf konditionieren, dass der Klicker-Ton eine Belohnung an-kündigt. Um dies zu tun, klicken Sie einfach und geben Sie Ihrem Hund sofort eine Belohnung. Wiederholen Sie diesen Vorgang mehrmals, bis Ihr Hund die

Verbindung zwischen dem Klicker-Ton und der Belohnung verstanden hat.

2. Timing ist alles: Bei der Verwendung des Klickers ist das richtige Timing entscheidend. Der Klick sollte genau im Moment des gewünschten Verhaltens erfolgen. Wenn das Timing nicht stimmt, könnte Ihr Hund das falsche Verhalten mit der Belohnung assoziieren.

3. Sofortige Belohnung: Nach dem Klick sollte die Belohnung sofort erfolgen. Je schneller die Belohnung erfolgt, desto besser wird Ihr Hund die Verbindung zwischen seinem Verhalten und der Belohnung verstehen.

4. Verwendung von qualitativ hochwertigen Belohnungen: Verwenden Sie Belohnungen, die Ihr Hund wirklich mag, wie z.B. kleine Stücke von seinem Lieblingssnack oder Spielzeug. Je attraktiver die Belohnung, desto motivierter wird Ihr Hund sein, das gewünschte Verhalten zu zeigen.

5. Kurze Trainingseinheiten: Hunde lernen am besten in kurzen, aber regelmäßigen Trainingseinheiten. Zehn bis fünfzehn Minuten pro Trainingseinheit sind in der Regel ausreichend. Mehrere kurze Trainingseinheiten pro Tag sind oft effektiver als eine lange Trainingseinheit.

Zusammenfassend ist das Klickertraining eine effektive und positive Methode zur Hundeerziehung. Mit ein wenig Übung und Geduld kann es Ihnen und Ihrem Hund helfen, besser zu kommunizieren und das Training zu einer angenehmen und lohnenden Erfahrung zu machen.

Von den Profis lernen.

Haben Sie bereits vom BHV Hundeführerschein gehört? Es handelt sich dabei um eine Art Führerschein, allerdings nicht für das Auto, sondern für Sie und Ihren vierbeinigen Begleiter. Interessant, nicht wahr? Viele Hundeschulen und Trainer bieten diesen Kurs an, um Sie und Ihren pelzigen Freund auf ein sicheres und harmonisches Zusammenleben im Alltag vorzubereiten. Diese Initiative wird vom Berufsverband der Hundeerzieher/innen und Verhaltensberater/innen e.V. (kurz BHV) ins Leben gerufen und überwacht. In diesem Artikel erfahren Sie alles Wissenswerte darüber - von den Prüfungsinhalten über die Vorbereitung bis hin zur Bedeutung für Sie als Hundehalter.

Das Ziel dieser Unternehmung besteht darin, Sie und Ihren Hund für das Leben in der Gesellschaft zu qualifizieren. Das bedeutet, Sie erfahren alles Wissenswerte über Hundeerziehung, Kommunikation, Verhalten und sogar rechtliche Aspekte, während Ihr Hund lernt, sich in verschiedenen Situationen angemessen und sicher zu verhalten.

Die Prüfung selbst setzt sich aus Theorie und Praxis zusammen. In der Theorie füllen Sie einen Multiple-Choice-Fragebogen aus, in dem Themen wie Hundeerziehung, Kommunikation, Lernverhalten, Körpersprache, Hundehaltung, Pflege, rechtliche Aspekte und sogar Erste Hilfe für Hunde behandelt werden.

In der Praxis muss Ihr Hund dann sein Können unter Beweis stellen: Grundgehorsam (Sitz, Platz, Bleib, Herankommen auf Zuruf, Leinenführigkeit), Begegnungen mit anderen Hunden und Menschen, Verhalten in Alltagssituationen (z.B. Straßenverkehr, öffentliche Verkehrsmittel, Menschenmengen) und das Bewältigen von Umweltreizen (Geräusche, ungewohnte Objekte, Bodenbeläge). Und natürlich muss er auch beweisen, dass er ohne Sie entspannt bleiben kann.

Um sich auf den BHV Hundeführerschein vorzubereiten, können Sie an speziellen Vorbereitungskursen teilnehmen. Viele Hundeschulen und Trainer bieten diese an und sie decken sowohl die theoretischen als auch die praktischen Aspekte ab. Also, warum zögern Sie noch? Bereiten Sie sich und Ihren vierbeinigen Freund auf den Alltag vor!

Warum sollten Sie sich also die Mühe machen, den BHV Hundeführerschein zu absolvieren, wenn dieser doch freiwillig ist? Ganz einfach, weil er Ihnen und Ihrem Hund eine Vielzahl von Vorteilen bietet.

Erstens, Sicherheit und Verantwortungsbewusstsein: Indem Sie die Prüfung bestehen, zeigen Sie, dass Sie Ihren Hund unter Kontrolle haben und potenzielle Konflikte im Alltag geschickt vermeiden können.

Zweitens, bessere Kommunikation und Bindung: Die Vorbereitung auf den BHV Hundeführerschein hilft Ihnen, Ihre Kommunikation mit Ihrem Hund zu verbessern und ihn besser zu verstehen. Dies führt zu einer stärkeren Bindung und einem harmonischeren Zusammenleben.

Drittens, Anerkennung durch Dritte: Obwohl der BHV Hundeführerschein in Deutschland keine gesetzliche Pflicht ist, kann er bei Versicherungen, Vermietern oder Behörden als Nachweis für verantwortungsvolle Hundehaltung anerkannt werden. Das kann beispielsweise bei der Wohnungssuche oder beim Abschluss einer Haftpflichtversicherung von Vorteil sein.

Viertens, Sie fördern das positive Image von Hunden: Indem Sie den BHV Hundeführerschein absolvieren und verantwortungsvoll mit Ihrem Hund umgehen, tragen Sie dazu bei, das Bild von Hunden und Hundehaltern in der Gesellschaft zu verbessern und Vorurteile abzubauen.

Zusammenfassend lässt sich sagen, dass der BHV Hundeführerschein eine wirklich lohnenswerte Sache ist. Er trägt dazu bei, das Zusammenleben von Mensch und Hund sicherer und harmonischer zu gestalten. Durch die Teilnahme an Vorbereitungskursen und das Bestehen der Prüfung demonstrieren Sie, dass Sie verantwortungsbewusst mit Ihrem Hund umgehen und erweitern Ihre Kenntnisse und Fähigkeiten im Umgang mit Ihrem Vierbeiner. Also, nehmen Sie die Leine und machen Sie sich auf den Weg zur nächsten Hundeschule!

Adressen und weitere Informationen finden Sie im Service-Teil weiter hinten in diesem Buch.

Nützlicher Behördenkram!

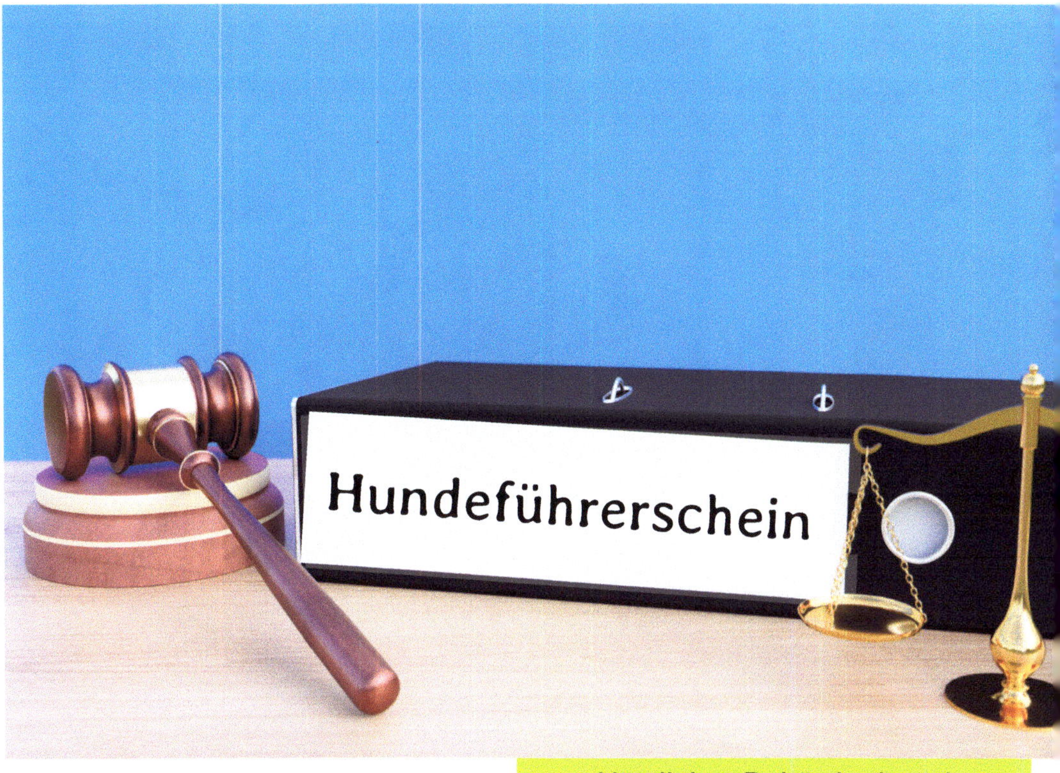

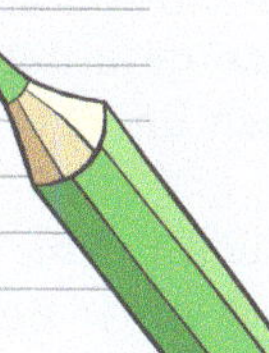

„Hunde sind die besten Freunde des Menschen, weil sie die Fehler des Menschen übersehen.“ - Aldous Huxley

freunde für ein ganzes Leben.

Es lässt sich nicht leugnen, dass eine Freundschaft zwischen einem Kind und einem Hund, die im gemeinsamen Aufwachsen entsteht, eine Bereicherung für beide Seiten darstellen kann. Hunde sind bekanntermaßen die besten Freunde des Menschen und Kinder können von der Beziehung zu diesen pelzigen Begleitern viel profitieren.

So lernen Kinder beispielsweise soziale Kompetenzen durch den Umgang mit einem Hund. Empathie, Verantwortungsbewusstsein und Kommunikation werden gefördert, indem das Kind auf die Bedürfnisse des Hundes eingeht und sich um sein Wohlbefinden kümmert.

Auch in emotionaler Hinsicht kann ein Hund wertvolle Unterstützung leisten. Als steter Begleiter und Seelentröster steht er immer zur Seite, wenn es dem Kind einmal nicht so gut geht. Gerade in schwierigen Lebenssituationen ist

der Trost und die Sicherheit, die ein Hund bieten kann, von unschätzbarem
Wert.

Darüber hinaus fördert ein Hund die körperliche Aktivität des Kindes. Hunde
müssen regelmäßig ausgeführt werden, sie wollen spielen und toben. Dies
bietet Kindern eine hervorragende Gelegenheit, sich auszutoben und ihre mo-
torischen Fähigkeiten zu verbessern. Gemeinsame Aktivitäten stärken zudem
das Gemeinschaftsgefühl.

Ein weiterer positiver Aspekt ist die Förderung von Selbstbewusstsein und
Unabhängigkeit bei Kindern. Durch die Übernahme von Verantwortung für
den Hund stärken sie ihr Selbstwertgefühl und sehen sich selbst in der Rolle
des Beschützers.

Schließlich kann ein Hund die soziale Interaktion des Kindes fördern. Als Eis-
brecher hilft er dabei, Kontakte zu knüpfen. Hunde ziehen oft die Aufmerksamkeit auf sich und sorgen so für Gesprächsstoff und gemeinsame Aktivitäten.

Bevor Sie jedoch sofort losgehen und einen Hund für Ihre Familie holen, sollten Sie einige Dinge beachten:

Zum einen die Auswahl der Hunderasse. Einige Rassen sind besser für Familien mit Kindern geeignet, weil sie geduldiger und robuster im Umgang
mit Kindern sind. Beispielsweise sind belgische Schäferhunde und Retriever
bekannt dafür, sehr kinderfreundlich zu sein.

Die Sicherheit von Kind und Hund sollte ebenfalls Priorität haben. Kinder
sollten lernen, wie sie sich sicher und respektvoll gegenüber Hunden verhalten. Als Elternteil sollten Sie stets ein Auge auf das Zusammenspiel haben,
um eventuelle Gefahren abzuwenden.

Schließlich sollten Sie das Wohlbefinden des Hundes im Auge behalten. Auch
das Kind sollte die Grenzen des Hundes respektieren und seine Bedürfnisse
verstehen. Beispielsweise sollte klar sein, dass der Hund beim Fressen oder
Schlafen seine Ruhe braucht.

Um die Freundschaft zwischen Kind und Hund zu fördern, gibt es einige Maßnahmen, die Sie ergreifen können:

Zum einen das Training und die Erziehung. Ein gut erzogener Hund ist einfacher zu handhaben und sicherer für das Kind. Gemeinsames Training, even-

tuell in einer Hundeschule oder in Welpenkursen, kann dazu beitragen, das Verständnis und die Kommunikation zwischen Kind und Hund zu verbessern.

Zum anderen sind gemeinsame Aktivitäten von großer Bedeutung. Planen Sie regelmäßig Unternehmungen, an denen sowohl das Kind als auch der Hund teilnehmen können. Dies kann ein Spaziergang, ein Ausflug zum Hundestrand oder sogar die Teilnahme an Hundesportarten wie Agility oder Flyball sein. Diese Aktivitäten fördern nicht nur die Gesundheit von Kind und Hund, sondern stärken auch das Zusammengehörigkeitsgefühl und die sozialen Fähigkeiten beider.

Eine weitere Möglichkeit besteht darin, das Kind in die Pflege des Hundes einzubeziehen. Dazu gehören Aktivitäten wie das Füttern, die Reinigung des Schlafplatzes und das Bürsten des Fells. Auf diese Weise lernt das Kind, Verantwortung zu übernehmen, was die Bindung zwischen Kind und Hund vertiefen kann.

Ein weiterer wichtiger Aspekt sind die Regeln und Grenzen. Es ist essentiell, dass sowohl das Kind als auch der Hund die Regeln und Grenzen in ihrer Beziehung kennen und respektieren. Kinder müssen lernen, die Körpersprache und die Bedürfnisse des Hundes zu erkennen und zu respektieren. Gleichzeitig sollte der Hund lernen, auf die Kommandos des Kindes zu hören und bestimmte Grenzen zu respektieren.

Letztlich erfordert eine gute Beziehung zwischen Kind und Hund Geduld und Verständnis von beiden Seiten. Kinder sollten lernen, dass Hunde eigene Persönlichkeiten und Bedürfnisse haben, die respektiert werden müssen. Gleichzeitig sollten Eltern darauf achten, dass das Kind genügend Zeit und Raum hat, um eine harmonische Beziehung mit dem Hund aufzubauen.

Durch die gemeinsame Arbeit an der Beziehung zwischen Kind und Hund können Eltern und Kinder eine tiefe Freundschaft fördern, die für beide Seiten sehr wertvoll ist. Diese Freundschaft bietet viele Vorteile für die soziale, emotionale und körperliche Entwicklung des Kindes und sorgt dafür, dass sich der Hund als geliebtes und geschätztes Mitglied der Familie fühlt.

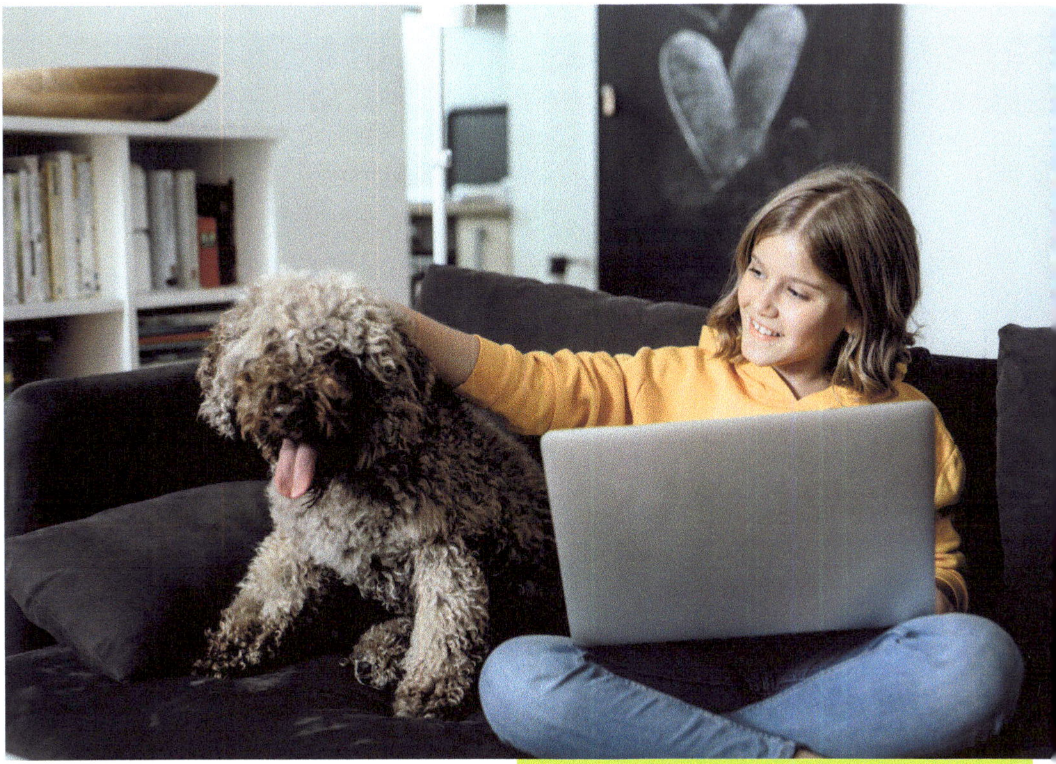

Ein gutes Team!

„Alles Wissen, die Gesamtheit aller Fragen und Antworten, ist in den Hunden enthalten.“ - Franz Kafka

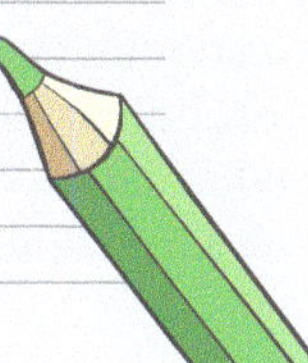

Die Grundlage für einfach alles.

Die Grundlagen der Hundernährung: Die Bedeutung einer ausgewogenen Ernährung für Hunde

Eine ausgewogene und nährstoffreiche Ernährung ist für jeden Hund von entscheidender Bedeutung. Sie ist das Fundament, auf dem Gesundheit, Lebensqualität und Langlebigkeit aufbauen.

Eine unzureichende oder unausgewogene Ernährung kann zu verschiedenen Gesundheitsproblemen wie Haut- und Fellproblemen, schlechter Knochengesundheit, Immunsystemschwäche und vielen anderen Zuständen führen. Daher ist es unerlässlich, dass Hundebesitzer die Grundlagen der Hundernährung verstehen.

Proteine

Proteine sind die Bausteine des Körpers und haben eine zentrale Bedeutung
in der Ernährung eines Hundes. Sie liefern essentielle Aminosäuren, die für
Wachstum, Muskelaufbau, Reparatur von Körperzellen und die Produktion von
Hormonen und Enzymen notwendig sind.

Hochwertige tierische Proteine wie Geflügel, Rind, Fisch und Ei sind besonders wichtig, da sie alle essentiellen Aminosäuren enthalten, die Hunde für
eine optimale Gesundheit benötigen.

Kohlenhydrate

Kohlenhydrate liefern Energie und sind besonders für sehr aktive Hunde
wichtig. Sie enthalten Ballaststoffe, die die Verdauungsgesundheit unterstützen. Es ist jedoch wichtig darauf zu achten, dass die Kohlenhydrate aus guten
Quellen wie Vollkornprodukten, Obst und Gemüse stammen. Diese enthalten
auch Vitamine, Mineralstoffe und Antioxidantien.

Fette

Fette sind die konzentrierteste Energiequelle in der Ernährung eines Hundes.
Sie liefern essentielle Fettsäuren, die für die Gehirnfunktion, die Aufrechterhaltung der Haut- und Fellgesundheit und die Unterstützung des Immunsystems wichtig sind. Omega-3- und Omega-6-Fettsäuren sind besonders nützlich für Hunde.

Vitamine und Mineralstoffe

Vitamine und Mineralstoffe spielen eine entscheidende Rolle in zahlreichen
Körperprozessen. Sie sind an Funktionen wie der Knochengesundheit (Kal-
zium, Phosphor, Vitamin D), der Blutbildung (Eisen, Vitamin B12), der Haut-
und Fellgesundheit (Zink, Vitamin A), der Augengesundheit (Vitamin A) und
vielen anderen beteiligt.

Hundebesitzer sollten beachten, dass zu viele Vitamine und Mineralien ebenso
schädlich sein können wie zu wenige. Deshalb ist es wichtig, ein ausgewogenes Hundefutter zu wählen, das speziell darauf ausgelegt ist, den Nährstoff-
bedarf des Hundes zu decken, ohne dass eine Über- oder Unterversorgung
entsteht.

Wasser

Wie ich bereits erwähnt habe, ist Wasser ein unverzichtbarer Bestandteil der Hundeernährung. Es ist an fast allen Körperfunktionen beteiligt, einschließlich Verdauung, Nährstofftransport, Regulierung der Körpertemperatur und mehr. Ein Hund kann Tage oder sogar Wochen ohne Nahrung überleben, aber nur wenige Tage ohne Wasser. Daher sollte immer darauf geachtet werden, dass Ihr Hund jederzeit Zugang zu frischem, sauberem Wasser hat.

Zusammenfassung

Eine ausgewogene Ernährung, die alle notwendigen Nährstoffe enthält, ist unerlässlich für die Gesundheit und das Wohlbefinden Ihres Hundes. Proteine, Kohlenhydrate, Fette, Vitamine, Mineralstoffe und Wasser sind alle wichtige Bestandteile, die in der richtigen Menge und im richtigen Verhältnis vorhanden sein müssen.

Es ist auch wichtig zu beachten, dass die spezifischen Ernährungsbedürfnisse eines Hundes von verschiedenen Faktoren wie Alter, Rasse, Gewicht, Aktivitätsniveau und Gesundheitszustand abhängen können. Daher kann es ratsam sein, mit einem Tierarzt oder einem Hundeernährungsberater zusammenzuarbeiten, um die am besten geeignete Ernährung für Ihren speziellen Hund zu ermitteln.

Zu guter Letzt sollte die Ernährung Ihres Hundes auch schmackhaft sein! Eine ausgewogene und nährstoffreiche Ernährung ist nutzlos, wenn Ihr Hund sie nicht frisst. Die beste Ernährungsstrategie berücksichtigt sowohl die gesundheitlichen Bedürfnisse als auch die Vorlieben Ihres Hundes.

Die Rolle der Ernährung in verschiedenen Lebensphasen: Anpassung an Alter, Größe und Gesundheitszustand

Die Ernährungsbedürfnisse eines Hundes können sich im Laufe seines Lebens dramatisch ändern. Von den ersten Tagen als Welpe bis ins hohe Alter sind spezielle Ernährungen und Fütterungspläne notwendig, um die Gesundheit und das Wohlbefinden zu fördern und zu erhalten. Dabei spielen sowohl das Alter als auch die Größe und der Gesundheitszustand eine entscheidende Rolle.

Welpenernährung

Die Ernährung von Welpen ist von größter Bedeutung, da sie sich in einer intensiven Wachstumsphase befinden. Welpen benötigen eine nährstoffreiche Ernährung mit einem höheren Anteil an Proteinen und Kalorien als erwachsene Hunde, um ihr schnelles Wachstum und die Entwicklung zu unterstützen.

Die Menge des Futters und die Anzahl der Fütterungen pro Tag sollten ebenfalls an das Wachstum und die Energiebedürfnisse des Welpen angepasst werden. Welpen sollten in der Regel drei bis vier Mal pro Tag gefüttert werden.

Ernährung für ausgewachsene Hunde

Sobald ein Hund ausgewachsen ist, ändern sich seine Ernährungsbedürfnisse erneut. Der Bedarf an Kalorien und Proteinen kann sinken, da das schnelle Wachstum nachlässt. Erwachsene Hunde benötigen eine ausgewogene Ernährung, die alle notwendigen Nährstoffe enthält, jedoch nicht überschüssig ist, um Übergewicht und damit verbundene Gesundheitsprobleme zu vermeiden.

Die Menge und die Häufigkeit der Fütterungen können ebenfalls angepasst werden. Die meisten erwachsenen Hunde kommen gut mit zwei Mahlzeiten pro Tag aus.

Ernährung für ältere Hunde

Im Alter ändern sich die Ernährungsbedürfnisse eines Hundes erneut. Ältere Hunde neigen dazu, weniger aktiv zu sein und benötigen daher weniger Kalorien. Gleichzeitig können gesundheitliche Probleme auftreten, die eine Anpassung der Ernährung erfordern.

Viele ältere Hunde profitieren von Ernährungen, die reich an hochwertigen Proteinen und niedrig an Fett und Kalorien sind. Zusätzlich kann es hilfreich sein, spezielle Nährstoffe zu ergänzen, die die Gelenkgesundheit unterstützen oder spezifische gesundheitliche Probleme adressieren.

Anpassung an Größe und Gesundheitszustand

Hunde mit gesundheitlichen Problemen wie Allergien, Herzerkrankungen oder Diabetes benötigen möglicherweise spezielle Ernährungen oder Nahrungsergänzungsmittel. Zum Beispiel kann ein Hund mit Herzproblemen von einer Ernährung profitieren, die niedrig in Natrium und hoch in Omega-3-Fettsäuren ist. Ein diabetischer Hund benötigt eine Ernährung, die hilft, den Blutzuckerspiegel stabil zu halten.

Es ist wichtig zu beachten, dass jede Änderung in der Ernährung eines Hundes, insbesondere wenn es um spezifische Gesundheitsprobleme geht, immer unter Aufsicht eines Tierarztes durchgeführt werden sollte.

Futterauswahl für Hunde: Trockenfutter, Nassfutter, Rohfutter und Hausgemachtes Futter

Die Auswahl des richtigen Futters für Ihren Hund kann eine Herausforderung sein, da es viele verschiedene Optionen und Überlegungen gibt. Die häufigsten Optionen sind Trockenfutter, Nassfutter, Rohfutter (auch bekannt als BARF - Biologisch Artgerechtes Rohes Futter) und hausgemachtes Futter. Jede dieser Optionen hat ihre eigenen Vor- und Nachteile und kann besser oder schlechter für Ihren Hund geeignet sein, abhängig von verschiedenen Faktoren wie Größe, Rasse, Aktivitätsniveau und gesundheitlichen Bedenken.

Trockenfutter

Trockenfutter ist eine der beliebtesten Optionen für Hundefutter. Es hat mehrere Vorteile, darunter lange Haltbarkeit, einfache Lagerung und Handhabung, und es ist oft kostengünstiger als andere Futteroptionen. Es kann auch zur Verbesserung der Zahnhygiene beitragen, da das Kauen von trockenem Futter helfen kann, Plaque zu entfernen.

Ein Nachteil des Trockenfutters ist jedoch, dass es oft hohe Mengen an Kohlenhydraten und weniger Feuchtigkeit enthält als andere Futterarten. Einige Hunde können auch Nahrungsmittelallergien oder -unverträglichkeiten gegen bestimmte Zutaten in Trockenfutter haben.
Nassfutter

Nassfutter ist eine weitere gängige Option. Es ist oft schmackhafter für Hunde und kann eine höhere Qualität an Proteinen und weniger Kohlenhydrate als Trockenfutter enthalten. Darüber hinaus enthält Nassfutter viel Feuchtigkeit, was zur Hydratation beitragen kann.

Nachteile von Nassfutter können die kürzere Haltbarkeit nach dem Öffnen, die höheren Kosten und die Tatsache, dass es weniger bequem zu lagern und zu handhaben ist als Trockenfutter, sein.

Rohfutter (BARF)

Die Rohfütterung oder BARF-Ernährung basiert auf dem Prinzip, Hunde mit rohem Fleisch, Knochen, Obst und Gemüse zu füttern, ähnlich dem, was ihre Vorfahren in der Wildnis gegessen hätten. Befürworter dieser Ernährungsform

argumentieren, dass sie zu einem glänzenderen Fell, gesünderer Haut und besserer allgemeiner Gesundheit führt.

Allerdings kann die Rohfütterung auch Herausforderungen und Risiken mit sich bringen. Sie erfordert eine sorgfältige Planung und Zubereitung, um sicherzustellen, dass der Hund alle benötigten Nährstoffe erhält. Es besteht auch ein Risiko für bakterielle Kontamination durch rohes Fleisch.

Hausgemachtes Futter

Hausgemachtes Futter kann zeitaufwendig sein und erfordert eine sorgfältige Planung und Kenntnisse über Hundenährung, um sicherzustellen, dass es ausgewogen ist und alle notwendigen Nährstoffe enthält. Es kann auch schwierig sein, die richtige Nährstoffzusammensetzung und Kalorienzufuhr zu erreichen, insbesondere für Welpen, trächtige oder stillende Hündinnen und Hunde mit bestimmten gesundheitlichen Bedingungen.

Bei unsachgemäßer Zubereitung kann es zu ernährungsbedingten Mängeln oder Überschüssen kommen, die die Gesundheit Ihres Hundes beeinträchtigen können.

Wie wählt man das richtige Futter aus?

Bei der Auswahl des richtigen Futters für Ihren Hund sollten Sie mehrere Faktoren berücksichtigen. Dazu gehören die Größe, Rasse und das Alter Ihres Hundes, sein Aktivitätsniveau, eventuelle gesundheitliche Bedenken und natürlich seine persönlichen Vorlieben.

Größere Hunde und aktive Hunde benötigen mehr Kalorien, während kleinere oder weniger aktive Hunde weniger Kalorien benötigen. Einige Rassen haben spezifische ernährungsbedingte Bedürfnisse oder sind anfälliger für bestimmte Gesundheitsprobleme, die durch die Ernährung beeinflusst werden können.

Wenn Ihr Hund gesundheitliche Probleme hat, wie Allergien, Magen-Darm-Probleme, Nierenprobleme oder Übergewicht, sollten Sie ein Futter wählen, das speziell auf seine Bedürfnisse zugeschnitten ist. In diesen Fällen ist es besonders wichtig, mit Ihrem Tierarzt oder einem Tierernährungsberater zusammenzuarbeiten, um die beste Ernährungsstrategie zu finden.

Letztendlich sollte das beste Futter für Ihren Hund eine ausgewogene Versorgung mit allen notwendigen Nährstoffen bieten, zu seinem Lebensstil und seinen gesundheitlichen Bedürfnissen passen und natürlich auch etwas sein, das er gerne frisst.

Lesen von Futtermittel-Etiketten: Ein Leitfaden

Die Auswahl des richtigen Futters für Ihren Hund ist von größter Bedeutung für seine Gesundheit und sein Wohlbefinden. Eine der Schlüsselinformationen, die bei dieser Entscheidung helfen können, sind die Angaben auf dem Etikett des Hundefutters. Das Lesen und Verstehen dieser Etiketten kann jedoch verwirrend sein. Dieser Artikel soll Ihnen helfen, die grundlegenden Elemente eines Hundefutteretiketts zu verstehen.

Produktname

Der Produktname kann oft den ersten Hinweis auf den Inhalt des Futters geben. Wenn der Name eine spezifische Fleischsorte enthält (zum Beispiel „Hühnerfutter"), bedeutet dies in der Regel, dass mindestens 25% des Produkts aus diesem Fleisch bestehen.

Zutatenliste

Die Zutatenliste gibt Aufschluss darüber, was im Futter enthalten ist. Sie ist in absteigender Reihenfolge nach Gewicht sortiert, das heißt, die Zutat, die am meisten im Produkt enthalten ist, steht an erster Stelle. Achten Sie auf Produkte, die Fleisch oder Fleischmehl als erste Zutaten auflisten, da Hunde Protein benötigen.

Beachten Sie, dass die Bezeichnungen auf der Zutatenliste manchmal verwirrend sein können. „Fleisch" bezieht sich auf Muskelfleisch, während „Fleischnebenerzeugnisse" oder „tierische Nebenerzeugnisse" auf andere Teile des Tieres wie Innereien verweisen können.

Nährstoffanalyse

Die Nährstoffanalyse gibt den Prozentsatz von Proteinen, Fetten, Ballaststoffen und Wasser im Futter an. Der Protein- und Fettgehalt kann stark variieren, abhängig davon, ob es sich um ein Futter für Welpen, ausgewachsene oder ältere Hunde handelt. Welpen und aktive Hunde benötigen mehr Protein und Fett, während ältere oder weniger aktive Hunde davon weniger benötigen.

Nährstoffgarantie

In vielen Ländern ist es gesetzlich vorgeschrieben, dass Hundefutter bestimmte Mindestmengen an Nährstoffen enthält. Diese Informationen finden Sie in der Regel unter der „Nährstoffgarantie". Sie gibt den minimalen Prozentsatz an Protein und Fett sowie den maximalen Prozentsatz an Ballaststoffen und Wasser an.

Fütterungsempfehlungen

Diese Anleitung ist wichtig, um eine Vorstellung davon zu bekommen, wie viel Sie Ihrem Hund jeden Tag füttern sollten. Aber denken Sie daran, dass diese Empfehlungen allgemeine Richtlinien sind. Der spezifische Bedarf Ihres

Hundes kann variieren, je nach Alter, Größe, Rasse, Gesundheitszustand und Aktivitätsniveau. Auch muss darauf hingewiesen werden, dass die Futtermittelhersteller natürlich am Verkauf ihrer Produkte interessiert sind, mitunter werden eher zu große als zu geringe Mengen empfohlen.

Lebensmittelzusatzstoffe

Lebensmittelzusatzstoffe wie Konservierungsstoffe, Farbstoffe und Geschmacksverstärker sind oft in Hundefutter enthalten. Während einige davon sicher und notwendig sind, um das Futter frisch und schmackhaft zu halten, können andere potenziell schädlich sein. Versuchen Sie, Produkte zu vermeiden, die künstliche Farbstoffe, Süßstoffe und Konservierungsstoffe enthalten.

Angaben zur Herkunft und Herstellung

Einige Etiketten können auch Angaben zur Herkunft der Zutaten und zur Herstellung des Futters enthalten. Dies kann wichtig sein, wenn Sie besonderen Wert auf Futter aus nachhaltiger Produktion oder mit lokal bezogenen Zutaten legen.

Zusammenfassung

Das Verstehen von Futtermittel-Etiketten ist ein wesentlicher Schritt, um sicherzustellen, dass Ihr Hund eine ausgewogene und gesunde Ernährung erhält. Während es zunächst überwältigend erscheinen mag, kann das Wissen über die Bedeutung von Produktname, Zutatenliste, Nährstoffanalyse, Nährstoffgarantie und Fütterungsempfehlungen dazu beitragen, informierte Entscheidungen über das Futter Ihres Hundes zu treffen.

Gewichtsmanagement und Überfütterung bei Hunden: Ein Leitfaden zur Erhaltung eines gesunden Gewichts

Die Erhaltung eines gesunden Gewichts ist für das Wohlbefinden Ihres Hundes von entscheidender Bedeutung. Leider sind Überfütterung und Fettleibigkeit häufige Probleme bei Hunden, die ernsthafte gesundheitliche Probleme verursachen können. Dieser Artikel soll Ihnen dabei helfen, die Auswirkungen von Überfütterung zu verstehen und Strategien zur Erhaltung eines gesunden Gewichts Ihres Hundes zu erlernen.

Auswirkungen der Überfütterung und Fettleibigkeit

Überfütterung und Fettleibigkeit können eine Reihe von Gesundheitsproblemen bei Hunden verursachen. Dazu gehören Diabetes, Herzkrankheiten, Ge-
lenkprobleme und eine verkürzte Lebenserwartung. Fettleibige Hunde können
auch Schwierigkeiten bei körperlichen Aktivitäten haben und sind anfälliger
für Hitzeunverträglichkeit und Atemprobleme.

Erkennen von Überfütterung und Fettleibigkeit

Um festzustellen, ob Ihr Hund überfüttert oder fettleibig ist, sollten Sie
sowohl sein Gewicht als auch seine Körperform beachten. Ein gesunder Hund
sollte eine gut definierte Taille haben und Sie sollten in der Lage sein, seine
Rippen zu fühlen, aber nicht zu sehen. Wenn Sie diese Merkmale nicht erkennen können, ist Ihr Hund möglicherweise übergewichtig.

Vorbeugung und Management von Überfütterung und Fettleibigkeit

Um Überfütterung und Fettleibigkeit zu vermeiden, ist es wichtig, eine ausgewogene Ernährung und regelmäßige körperliche Aktivität sicherzustellen.
Hier sind einige Strategien, die Sie anwenden können:

Fütterungsempfehlungen beachten: Die auf der Verpackung des Hundefutters
angegebenen Fütterungsempfehlungen sind ein guter Ausgangspunkt, um zu
bestimmen, wie viel Futter Ihr Hund täglich benötigt. Beachten Sie jedoch,
dass diese Empfehlungen je nach Alter, Größe, Rasse und Aktivitätsniveau
Ihres Hundes angepasst werden müssen.

Regelmäßige Mahlzeiten: Anstatt Ihrem Hund den ganzen Tag über Zugang
zu Futter zu gewähren, sollten Sie feste Fütterungszeiten einplanen. Dies hilft
Ihnen, die Menge an Nahrung zu kontrollieren, die Ihr Hund konsumiert, und
verhindert Überfütterung.

Ausgewogene Ernährung: Stellen Sie sicher, dass das Futter Ihres Hundes
eine ausgewogene Mischung aus Proteinen, Kohlenhydraten und Fetten sowie
die notwendigen Vitamine und Mineralien enthält. Vermeiden Sie es, Ihrem
Hund zu viele Leckereien oder Tischabfälle zu geben, da diese oft reich an
Kalorien und arm an Nährstoffen sind.

Regelmäßige Bewegung: Sorgen Sie dafür, dass Ihr Hund regelmäßig körperliche Aktivität erhält. Dies kann Spaziergänge, Spiele im Park, Agility-Training
oder andere Formen der Bewegung umfassen. Regelmäßige Bewegung hilft

nicht nur, das Gewicht Ihres Hundes zu kontrollieren, sondern ist auch wichtig für seine allgemeine Gesundheit und sein Wohlbefinden.

Kontrollierte Leckerlies: Es ist völlig in Ordnung, Ihrem Hund gelegentlich ein Leckerli zu geben, aber es ist wichtig, dabei Maß zu halten. Leckerlies sollten nicht mehr als 10% der täglichen Kalorienaufnahme Ihres Hundes ausmachen. Achten Sie außerdem darauf, kalorienarme und gesunde Leckerlies zu wählen.

Regelmäßige Gewichtskontrollen: Es ist empfehlenswert, das Gewicht Ihres Hundes regelmäßig zu kontrollieren, um frühzeitig Anzeichen einer Gewichtszunahme zu erkennen. Falls Sie eine stetige Gewichtszunahme feststellen, sollten Sie sich an Ihren Tierarzt wenden, um die Ursachen zu ermitteln und einen Plan zur Gewichtsreduktion zu erstellen.

Spezielle Ernährungsbedürfnisse bei Hunden: Informationen zur Ernährung bei gesundheitlichen Problemen

Hunde, ähnlich wie Menschen, können unter gesundheitlichen Bedingungen leiden, die spezielle diätetische Anforderungen erfordern. Dieser Artikel gibt einen Überblick über einige gängige Gesundheitsprobleme bei Hunden, die eine spezielle Ernährung erfordern, einschließlich Allergien, Diabetes, Herzkrankheiten und Nierenproblemen.

Allergien

Einige Hunde können allergisch oder intolerant gegen bestimmte Arten von Nahrungsmitteln sein. Die häufigsten Allergene sind Rind, Huhn, Weizen, Mais, Soja, Milch und Eier. Symptome einer Nahrungsmittelallergie können Hautausschläge, Juckreiz, Verdauungsprobleme und mehr umfassen. Bei Verdacht auf eine Nahrungsmittelallergie sollte ein Tierarzt konsultiert werden, der eine Ausschlussdiät empfehlen kann, um das Allergen zu identifizieren. Danach sollte eine hypoallergene Ernährung eingeführt werden, die das Allergen ausschließt.

Diabetes

Diabetes mellitus ist eine häufige Erkrankung bei Hunden, die eine Anpassung der Ernährung erfordert. Eine ausgewogene, niedrig glykämische Ernährung, die reich an komplexen Kohlenhydraten und Ballaststoffen ist, kann helfen, den Blutzuckerspiegel zu regulieren und Gewichtsmanagement zu fördern. Es ist wichtig, dass die Fütterungszeiten und -mengen konsistent bleiben, um einen stabilen Blutzuckerspiegel zu gewährleisten.

Herzerkrankungen

Bei Hunden mit Herzerkrankungen kann eine spezielle Ernährung helfen, die Belastung des Herzens zu verringern. Diese Ernährungen sind oft niedrig in Natrium, um Flüssigkeitsansammlungen zu reduzieren, und reich an Omega-3-Fettsäuren, um Entzündungen zu bekämpfen. Sie können auch eine moderat eingeschränkte Proteinmenge, aber aus hochwertigen Quellen enthalten.

Nierenprobleme

Hunde mit Nierenerkrankungen benötigen eine spezielle Ernährung, die dazu beiträgt, die Belastung der Nieren zu reduzieren. Diese Ernährungen sind typischerweise niedrig in Phosphor und Protein, aber das enthaltene Protein ist von hoher Qualität. Sie können auch erhöhte Mengen an Omega-3-Fettsäuren enthalten, die entzündungshemmende Eigenschaften haben.

Leckerlis und Belohnungen bei Hunden: Ihre Rolle in Ernährung und Training

Leckerlis und Belohnungen spielen eine wichtige Rolle in der Ernährung und im Training von Hunden. Sie können als Anreiz für gutes Verhalten dienen und helfen, das Training effektiver zu machen. Jedoch sollten sie verantwortungsbewusst verwendet werden, um Überfütterung und Ernährungsungleichgewichte zu vermeiden. Dieser Artikel wird die Rolle von Leckerlis in der Ernährung und im Training eines Hundes diskutieren und wie sie richtig verwendet werden sollten.

Die Rolle von Leckerlis in der Ernährung eines Hundes

Leckerlis können eine wertvolle Ergänzung zur Ernährung eines Hundes sein, solange sie in Maßen gegeben werden. Sie können zusätzliche Nährstoffe liefern und dazu beitragen, die Nahrungsaufnahme angenehmer zu gestalten. Es ist jedoch wichtig zu beachten, dass Leckerlis nicht die Hauptnahrungsquelle eines Hundes sein sollten. Sie sollten nicht mehr als 10% der täglichen Kalorienaufnahme eines Hundes ausmachen, da sie sonst zu Gewichtszunahme und Ernährungsungleichgewichten führen können.

Die Rolle von Leckerlis im Training eines Hundes

Im Training können Leckerlis als positive Verstärkung verwendet werden, um gutes Verhalten zu belohnen. Sie können dazu beitragen, das Lernen zu beschleunigen und das Training angenehmer zu gestalten. Es ist jedoch wichtig, sie klug zu verwenden und nicht jedes geringste gute Verhalten mit einem Leckerli zu belohnen, um eine Abhängigkeit zu vermeiden.

Richtiger Einsatz von Leckerlis

Hier sind einige Tipps für den richtigen Einsatz von Leckerlis:

Wählen Sie gesunde Leckerlis: Viele kommerzielle Leckerlis sind reich an Fett und Zucker und können zu Gewichtszunahme und gesundheitlichen Problemen führen. Wählen Sie stattdessen gesunde Optionen wie Obst- und Gemüsestücke, mageres Fleisch oder speziell zubereitete Hunde-Leckerlis, die reich an Proteinen und Ballaststoffen sind.

Verwenden Sie kleine Portionen: Bei der Verwendung von Leckerlis im Training ist es oft effektiver, kleine Portionen zu verwenden. Kleine Leckerlis sind weniger wahrscheinlich, Gewichtszunahme zu verursachen, und Ihr Hund wird wahrscheinlich ebenso erfreut sein, ein kleines Leckerli zu erhalten, wie ein großes.

Variieren Sie die Leckerlis: Variieren Sie die Art der Leckerlis, die Sie Ihrem Hund geben, um ihn zu motivieren und ihm eine Vielfalt von Geschmacksrichtungen und Nährstoffen zu bieten.

Integrieren Sie Leckerlis in das Training (Fortsetzung): Vermeiden Sie es, Leckerlis als Bestechung zu verwenden, da dies dazu führen kann, dass Ihr Hund nur dann gehorcht, wenn er eine Belohnung erwartet. Es ist wichtig, dass Ihr Hund lernt, auf Ihre Anweisungen zu hören, auch wenn kein Leckerli in Aussicht ist.
Die Rolle von Leckerlis bei speziellen Ernährungen

Falls Ihr Hund eine spezielle Ernährung aufgrund von gesundheitlichen Bedingungen oder Gewichtsmanagement einhalten muss, ist es besonders wichtig, geeignete Leckerlis zu wählen. Es gibt eine Reihe von Leckerlis auf dem Markt, die speziell für Hunde mit bestimmten Gesundheitszuständen, wie Diabetes oder Nierenerkrankungen, formuliert sind. Es ist wichtig, dass die Leckerlis, die Sie auswählen, die speziellen diätetischen Anforderungen Ihres Hundes erfüllen und nicht seine Gesundheit gefährden.

Gefährliche Lebensmittel für Hunde: Was Sie vermeiden sollten

Es ist verlockend, Ihren Hund mit Leckereien von Ihrem eigenen Teller zu verwöhnen, aber viele gängige Lebensmittel und Substanzen, die für Menschen sicher sind, können für Hunde giftig sein. Diese Lebensmittel können schwere gesundheitliche Probleme verursachen und in einigen Fällen sogar tödlich sein.

Schokolade und Kaffee

Schokolade und Kaffee enthalten Substanzen namens Methylxanthine (speziell Theobromin in Schokolade und Koffein in Kaffee), die für Hunde toxisch sind. In ausreichenden Mengen können sie Erbrechen, Durchfall, übermäßigen Durst und Harnabsatz, Hyperaktivität, abnormalen Herzrhythmus, Krämpfe und sogar den Tod verursachen. Dunkle Schokolade, Backschokolade und Kakaopulver sind besonders gefährlich, da sie höhere Mengen an Theobromin enthalten.

Zwiebeln und Knoblauch

Zwiebeln und Knoblauch, sowohl roh als auch gekocht, sind für Hunde toxisch. Sie enthalten Schwefelverbindungen, die die roten Blutkörperchen von Hunden schädigen können, was zu Anämie führen kann. Symptome können Schwäche, Apathie, blassrosa bis gelbliche Schleimhäute, beschleunigte Atmung und erhöhter Herzschlag sein.

Trauben und Rosinen

Die genaue Ursache ist noch unbekannt, aber der Verzehr von Trauben und Rosinen wurde mit akutem Nierenversagen bei Hunden in Verbindung gebracht. Auch kleine Mengen können giftig sein. Symptome können Erbrechen, Durchfall, Appetitlosigkeit und Lethargie umfassen.

Alkohol

Alkoholische Getränke und Lebensmittel, die Alkohol enthalten, können für Hunde toxisch sein. Alkohol kann das zentrale Nervensystem, das Herz und die Atmungsrate eines Hundes beeinträchtigen. Symptome können Erbrechen, Atembeschwerden, Koordinationsprobleme, Bewusstseinsveränderungen, Krämpfe und sogar den Tod umfassen.

Andere gefährliche Lebensmittel

Einige andere Lebensmittel, die für Hunde gefährlich sein können, umfassen Avocados, Macadamianüsse, Hefe, Xylitol (ein Süßstoff, der oft in zuckerfreien Lebensmitteln gefunden wird), und Obstkerne und -kerne, die Cyanid enthalten können, wie Apfelkerne, Pfirsich-, Pflaumen- und Kirschkerne.

Häufig gestellte Fragen zur Hundeernährung

1. Wie oft sollte ich meinen Hund füttern?

Die Häufigkeit der Fütterung kann je nach Alter, Rasse und Gesundheitszustand des Hundes variieren. Allgemein gilt jedoch, dass Welpen drei bis vier Mal am Tag gefüttert werden sollten, während ausgewachsene Hunde in der Regel ein bis zwei Mal am Tag gefüttert werden. Ältere Hunde können auch von kleineren, häufigeren Mahlzeiten profitieren.

2. Wie viel Futter sollte ich meinem Hund geben?

Die Menge des Futters hängt von vielen Faktoren ab, einschließlich der Größe, des Alters, der Rasse, des Aktivitätsniveaus und des Gesundheitszustandes des Hundes. In der Regel finden Sie auf der Verpackung des Hundefutters Fütterungsempfehlungen basierend auf dem Gewicht des Hundes. Es ist immer ratsam, den Rat Ihres Tierarztes einzuholen, um sicherzustellen, dass Ihr Hund die richtige Menge an Futter erhält.

3. Ist es in Ordnung, meinem Hund menschliches Essen zu geben?

Während einige menschliche Lebensmittel sicher für Hunde sind, können andere giftig sein. Es ist am besten, Ihrem Hund keine menschlichen Lebensmittel zu geben, es sei denn, Sie haben vorher recherchiert oder Ihren Tierarzt gefragt. Selbst dann sollten menschliche Lebensmittel nur gelegentlich als Leckerli und nicht als Ersatz für ein ausgewogenes Hundefutter gegeben werden.

4. Was soll ich tun, wenn mein Hund übergewichtig ist?

Wenn Ihr Hund übergewichtig ist, ist es wichtig, seine Kalorienaufnahme zu reduzieren und seine körperliche Aktivität zu erhöhen. Sie sollten auch mit Ihrem Tierarzt sprechen, um sicherzustellen, dass es keine zugrunde liegenden Gesundheitsprobleme gibt, die zum Gewichtsproblem beitragen könnten. Es gibt spezielle Ernährungfutter für Hunde, die dabei helfen können, das Gewicht zu reduzieren und gleichzeitig sicherzustellen, dass Ihr Hund alle notwendigen Nährstoffe erhält.

5. Ist Trockenfutter oder Nassfutter besser für meinen Hund?

Sowohl Trocken- als auch Nassfutter haben ihre Vor- und Nachteile. Trockenfutter ist bequem und kann dazu beitragen, die Zähne sauber zu halten, während Nassfutter hydratisierend ist und oft schmackhafter für Hunde ist. Die beste Wahl hängt von den spezifischen Bedürfnissen und Vorlieben Ihres Hundes ab. Manche Hundebesitzer entscheiden sich auch für eine Kombination aus beidem.

6. Gibt es bestimmte Lebensmittel, die ich vermeiden sollte?

Ja, es gibt bestimmte Lebensmittel, die für Hunde toxisch sein können, darunter Schokolade, Zwiebeln, Knoblauch, Trauben, Rosinen, Alkohol, Macadamianüsse und bestimmte Süßstoffe wie Xylitol. Wenn Ihr Hund eines dieser Lebensmittel gefressen hat, sollten Sie sofort einen Tierarzt aufsuchen.

7. Ist es gut, meinem Hund eine vegetarische oder vegane Ernährung zu geben?

Hunde sind omnivore Tiere, was bedeutet, dass sie sowohl pflanzliche als auch tierische Nahrung zu sich nehmen können. Allerdings sind sie evolutionär darauf ausgerichtet, ein gewisses Maß an tierischen Produkten in ihrer Nahrung zu haben. Eine vegetarische oder vegane Ernährung kann für Hunde schwieriger zu managen sein und erfordert eine sorgfältige Planung, um sicherzustellen, dass sie alle notwendigen Nährstoffe erhalten. Wenn Sie eine solche Ernährung in Erwägung ziehen, sollten Sie dies unbedingt mit einem Tierarzt oder einem Ernährungsberater für Tiere besprechen.

8. Wie erkenne ich, ob mein Hund eine Nahrungsmittelallergie hat?

Nahrungsmittelallergien bei Hunden können eine Vielzahl von Symptomen hervorrufen, einschließlich Juckreiz, Hautausschlägen, Magen-Darm-Problemen und mehr. Wenn Sie vermuten, dass Ihr Hund eine Nahrungsmittelallergie hat, sollten Sie einen Tierarzt aufsuchen. Er kann Tests durchführen und gegebenenfalls eine Ausschlussdiät vorschlagen, um zu bestimmen, auf welche Inhaltsstoffe Ihr Hund allergisch reagiert.

9. Sind rohe Ernährungen gut für meinen Hund?

Rohe Ernährungen, oft als BARF (Biologisch Artgerechtes Rohes Futter) bezeichnet, sind umstritten. Befürworter argumentieren, dass sie gesünder und natürlicher für den Hund sind. Kritiker weisen jedoch darauf hin, dass rohe Ernährungen das Risiko einer bakteriellen Kontamination erhöhen können und dass sie, wenn sie nicht richtig ausgeführt werden, zu Nährstoffungleichgewichten führen können. Wenn Sie eine rohe Ernährung für Ihren Hund in Erwägung ziehen, sollten Sie dies mit Ihrem Tierarzt oder einem Tierernährungsberater besprechen.

10. Wie kann ich die Qualität des Hundefutters beurteilen?

Um die Qualität des Hundefutters zu beurteilen, können Sie zunächst die Zutatenliste und die Nährstoffinformationen auf dem Etikett überprüfen. Qualitativ hochwertiges Hundefutter sollte eine identifizierbare Fleischquelle als Hauptzutat haben und wenig bis keine Füllstoffe wie Mais oder Weizen enthalten. Sie können auch nach AAFCO (Association of American Feed Control Officials) Zertifizierungen suchen, die darauf hinweisen, dass das Futter den Nährstoffstandards entspricht. Online-Bewertungen und die Beratung durch einen Tierarzt können ebenfalls hilfreich sein.

Die Hersteller sind auf den Zug aufgesprungen!

Den Futtermittelproduzenten ist nicht entgangen, dass wir Hundehalter inzwischen großen Wert auf die **richtige** Ernährung unserer Tiere legen. Wir
möchten, dass die jeweilige Packung genau das enthält, was unsere Hunde an
Energie und Nährstoffen benötigen. Die Industrie weiß aber auch, dass viele
von uns sich dabei schwer tun, die richtige Zusammenstellung zu erarbeiten.

Und da kommen die Marketing-Experten ins Spiel: sie haben Tools entwickelt,
mit denen wir online ganz bequem zumindest ausrechnen können, wieviel
Energie unser Hund so benötigt. Dazu geben wir ein paar Informationen über
unser Tier am Bildschirm ein und schon rattert die Werbemühle: bei einem
Anbieter wird sogar der Name meines Hundes abgefragt, damit auf der Folge-
seite dann werbewirksam genau dieser Name auf der scheinbar fertig gemix-

ten Futtertüte steht. Das Futter ist ja echt für meinen Bello gemacht, denkt so mancher dann. Aber stimmt das?

Ich habe den (nicht repräsentativen) Selbstversuch gemacht und die Daten zu meinen Hund auf verschiedenen Anbieterseiten exemplarisch eingegeben und fest damit gerechnet, nahezu identische Ergebnisse zu erzielen.

Das Resultat: ernüchternd! Für mein Tier wurden Werte zwischen 1272 und 1886 kcal ausgegeben, wobei ich bei einem Anbieter den Wert erst aus den dort angegebenen MJ* errechnen musste. Die Spanne: erschreckend! Interessant: Alle Empfehlungen lagen über dem, was eine vertrauenswürdige Tierärztliche Ernährungsberatung, die selbst kein Alleinfutter verkauft, empfiehlt.

Mehr Futter = Mehr Umsatz?!
Die Grafik unten zeigt die unfassbaren Abweichungen.
Bitte zieh` deine eigenen Schlüsse daraus...

*MJ = Megajoule

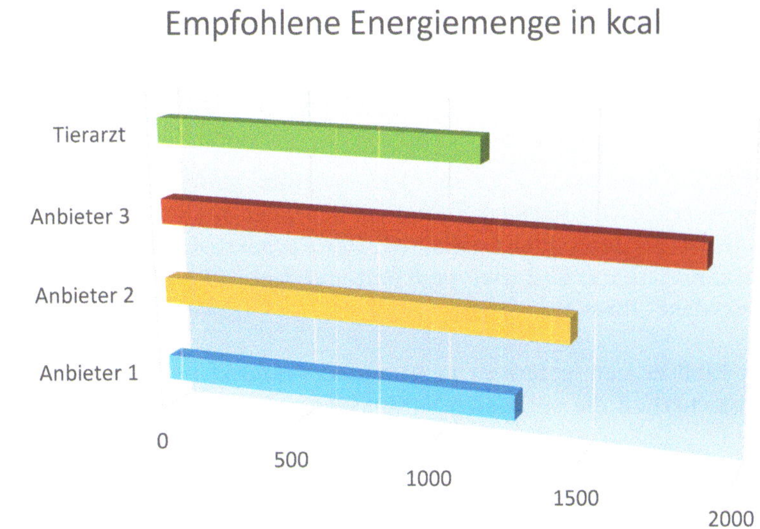

Zu dünn, zu dick oder perfekt in Form?

Auch zu diesem Thema gibt es für Sie offizielle Hilfe: den sogenannten Körperkonditionswert (KKI = Körperkonditionsindex), der angibt ob ein Hund Idealgewicht hat, zu dünn oder zu dick ist. Der Körperzustand wird anhand optischer und ertastbarer Kriterien beurteilt und Ziel sollte immer sein, das sog. „Idealgewicht" Ihres Hundes zu erreichen.

Denn damit fühlt er sich, sofern er nicht anders erkrankt ist, wohl und agil und hat mit sicherheit die optimalen Voraussetzungen für ein fröhliches, erfülltes Leben.

Also los, checken wir mal, wie es bei Ihrem Hund aussieht!

Sehr dünn

Rippen: leicht zu ertasten, keine Fettschicht darüber
Schwanzansatz: Hervorstehende Knochen, kein Gewebe zwischen Haut und Knochen
Seitenansicht: Die Flanken sind stark eingefallen
Ansicht von oben: Ausgeprägte Form einer Sanduhr

Untergewicht

Rippen: leicht zu ertasten, keine Fettschicht darüber
Schwanzansatz: Hervorstehende Knochen, minimale Gewebeschicht zwischen Haut und Knochen
Seitenansicht: Die Flanken sind eingefallen
Ansicht von oben: Sichtbare Form einer Sanduhr

Idealgewicht

Rippen: leicht zu ertasten, leicht dünne Fettschicht
Schwanzansatz: Glatte Kontur, Knochen können aber unter dünner Fettschicht gefühlt werden
Seitenansicht: Die Flanken sind leicht eingefallen
Ansicht von oben: Gut proportionierte Taille

Übergewicht

Rippen: schwer zu ertasten, mäßige Fettschicht darüber
Schwanzansatz: Gewisse Verdickung, Knochen sind aber unter mäßiger Fettschicht ertastbar
Seitenansicht: Keine Flankengrube oder Taille
Ansicht von oben: Rücken ist leicht verbreitert

Fettsucht

Rippen: schwer zu ertasten, dicke Fettschicht darüber
Schwanzansatz: Verdickt und unter dicker Fettschicht schwer zu ertasten
Seitenansicht: Fett hängt vom Bauch herab, keine Taille zu erkennen
Ansicht von oben: Der Rücken ist leicht verbreitert

Gut investiertes Geld!

Haben Sie sich jemals gefragt, wie Sie Ihrem vierbeinigen Freund noch besser unterstützen können? Nein, es geht hier nicht um zusätzliche Streicheleinheiten oder modische Hundekleidung. Es geht um etwas, das das Wohlbefinden Ihres Hundes auf ein neues Niveau heben kann: Professionelle Ernährungsberatung für Hunde. Genau so ist es. Bevor Sie nun denken: „Soll ich dafür auch noch 100 bis 200 Euro ausgeben?", lassen Sie mich erklären, warum dies die beste Investition sein könnte, die Sie für Ihren Liebling tätigen könnten.

Denken Sie einmal darüber nach, wie oft Sie Ihren Hund schon mit einem bestimmten Leckerli bestochen haben, damit er den Ball holt oder aufhört, Ihre neuen Schuhe anzunagen. Und wie oft haben Sie ihm einfach das gegeben, was auf der Rückseite der Verpackung steht, ohne wirklich zu wissen, ob das gut für ihn ist? Möglicherweise häufiger, als Sie zugeben möchten. Hier kommt die professionelle Ernährungsberatung ins Spiel.

Ein Ernährungsberater ist vergleichbar mit einem persönlichen Koch, Arzt*
und Trainer in einem. Dieser Fachmann analysiert genau, was Ihr Hund benötigt, basierend auf Rasse, Alter, Gewicht, Aktivitätsniveau und Gesundheitszustand. Anschließend erstellt der Berater einen individuellen Ernährungsplan,
der sicherstellt, dass Ihr Hund alle notwendigen Nährstoffe erhält und nichts,
was ihm schaden könnte.

Sie fragen sich vielleicht: „Warum sollte ich dafür Geld ausgeben?" Denken
Sie daran, wie viel Sie schon für Tierarztrechnungen ausgegeben haben, weil
Ihr Hund Durchfall hatte oder sich unwohl gefühlt hat? Wie oft haben Sie
sich Sorgen gemacht, ob er wirklich gesund ist? Mit einer professionellen
Ernährungsberatung können Sie viele dieser Probleme vermeiden. Denn ein
gut ernährter Hund ist auch ein gesunder und glücklicher Hund. Das ist doch
unbezahlbar, oder?

Darüber hinaus sind 100 bis 200 Euro im Vergleich zu dem, was man dafür
erhält, nicht wirklich viel. Sie geben wahrscheinlich mehr für Hundespielzeug
aus, das Ihr Liebling in Sekundenschnelle zerstört. Warum also nicht in etwas
investieren, das nachhaltiger ist und Ihrem Hund tatsächlich hilft?

In diesem Sinne ist eine professionelle Ernährungsberatung für Ihren Hund
nicht nur eine gute Idee, sondern eine großartige Investition. Sie unterstützt
Sie dabei, Ihrem Hund das bestmögliche Leben zu ermöglichen und ihn vor
Gesundheitsproblemen zu schützen. Und das Beste daran? Sie können sich
sicher sein, dass Sie alles richtig machen. Denn Sie haben einen Fachmann an
Ihrer Seite, der Sie unterstützt. Worauf warten Sie also noch? Ihr Hund wird
es Ihnen danken!

*Bitte beachten Sie, dass bei einem potenziell kranken Hund der Berater
allein nicht helfen kann. Er wird einen Tierarzt zu Rate ziehen oder Sie direkt
an einen solchen verweisen!

Auch sehr wichtig: die Pflege rundum

Die Pflege des Lagotto Romagnolo ist ein wesentlicher Bestandteil der artgerechten Haltung und trägt wesentlich zur dauerhaften Gesundheit und Schönheit dieser besonderen Rasse bei.

Aufgrund seines charakteristischen, lockigen und wollartigen Fells, das ihn ursprünglich als Wasser- und Trüffelhund auszeichnete, benötigt er eine aufwendige und regelmäßige Körperpflege, die weit über das gelegentliche Bürsten hinausgeht.

Das Fell des Lagotto Romagnolo zeichnet sich durch eine dichte Struktur aus, die aus vielen feinen, lockigen Haaren besteht. Diese besondere Beschaffenheit sorgt dafür, dass das Fell wasserabweisend ist und den Hund vor widrigen Witterungsbedingungen schützt.

Gleichzeitig kann es aber bei mangelnder Pflege leicht zu Verfilzungen und Knotenbildung kommen.

Daher ist ein tägliches oder wöchentliches Bürsten unerlässlich, um das Haar frei von Verfilzungen zu halten und die natürlichen Öle der Haut gleichmäßig zu verteilen. Durch die regelmäßige Pflege wird nicht nur das Erscheinungsbild verbessert, sondern auch die Durchblutung der Haut angeregt, was das Risiko von Hautirritationen reduziert.

Neben dem Bürsten spielt auch die gelegentliche Nassreinigung eine wichtige Rolle. Obwohl das Fell wasserabweisend ist, können sich im Laufe der Zeit Schmutz, Staub und Umwelteinflüsse ansammeln, die zu unangenehmen Gerüchen oder Hautproblemen führen können.

Ein Bad mit einem pH-neutralen, milden Shampoo reinigt das Fell gründlich, ohne die natürliche Schutzschicht zu beschädigen. Dabei ist es wichtig, das Fell sorgfältig auszuspülen, um alle Shampoo-Rückstände zu entfernen, die zu Irritationen führen könnten.

Häufig reicht es aus, ein Bad alle paar Monate zu geben, sofern der Hund keiner übermäßigen Verschmutzung ausgesetzt ist – die häufige Nassreinigung kann nämlich auch die natürlichen Öle der Haut entfernen.

Doch die Fellpflege ist nur ein Teil der umfassenden Körperpflege des Lagotto Romagnolo.

Auch die Ohren, Krallen und Zähne verdienen besondere Aufmerksamkeit. Die Ohren des Lagotto sind, wie bei vielen Hunden, ein sensibler Bereich, in dem sich Schmutz, Ohrenschmalz und Feuchtigkeit leicht ansammeln können. Regelmäßige Kontrollen und sanfte Reinigung mit einem geeigneten Ohrreiniger helfen, Infektionen vorzubeugen und die Ohren sauber zu halten.

Dabei sollte stets darauf geachtet werden, die empfindliche Struktur der Ohren nicht zu reizen.

Ebenso wichtig ist die Pflege der Krallen, die bei einem aktiven Hund wie dem Lagotto Romagnolo, der viel im Freien unterwegs ist, schnell wachsen können. Zu lange Krallen können nicht nur schmerzhaft sein, sondern auch das Gehen und Laufen beeinträchtigen.

Eine regelmäßige Kontrolle und das erforderliche Kürzen der Nägel – gegebenenfalls in Kombination mit dem natürlichen Abrieb durch viel Bewegung auf unterschiedlichen Untergründen – sorgen dafür, dass der Hund stets komfortabel und gesund unterwegs ist.

Auch die Mundhygiene darf in der Pflege des Lagotto Romagnolo nicht vernachlässigt werden. Regelmäßiges Zähneputzen und der Einsatz spezieller Zahnpflegeprodukte helfen, Plaque und Zahnsteinbildung vorzubeugen.

Gesunde Zähne sind nicht nur für eine gute Verdauung und Ernährung wichtig, sondern tragen auch zum allgemeinen Wohlbefinden des Hundes bei. Viele Besitzer integrieren das Zähneputzen als festen Bestandteil in ihre Pflegeroutine, um langfristige Zahnprobleme zu vermeiden.

Die umfassende Körperpflege des Lagotto Romagnolo bietet darüber hinaus eine wertvolle Gelegenheit, die Beziehung zwischen Hund und Halter zu stärken.

Während des Pflegerituals hat der Mensch die Möglichkeit, den Gesundheitszustand des Hundes aufmerksam zu beobachten. Veränderungen an der Haut, etwa Rötungen, kleine Verletzungen oder ungewöhnliche Veränderungen im Fell können erkannt und professionell behandelt werden.

Dieses enge Miteinander fördert nicht nur das Vertrauen, sondern macht den Pflegeprozess zu einem wichtigen Bestandteil der täglichen Interaktion und Zuwendung.

Zusätzlich zur häuslichen Pflege kann es sinnvoll sein, den Hund regelmäßig von einem professionellen Groomer untersuchen zu lassen.

Diese Fachleute verfügen über oft spezielle Techniken und Werkzeuge, um das Fell noch gründlicher zu reinigen und zu schneiden, was insbesondere in saisonalen Wechselzeiten von Vorteil sein kann.

Professionelle Pflege kann dabei auch helfen, eventuelle Rückstände von Haushaltsgeräten zu entfernen und dem Hund einen frischen, gepflegten Look zu verleihen, der sowohl das Wohlbefinden als auch das äußere Erscheinungsbild unterstützt.

Insgesamt zeigt sich, dass die Pflege rundherum beim Lagotto Romagnolo ein komplexer, aber lohnenswerter Prozess ist, der weit über das rein ästhetische Erscheinungsbild hinausgeht.

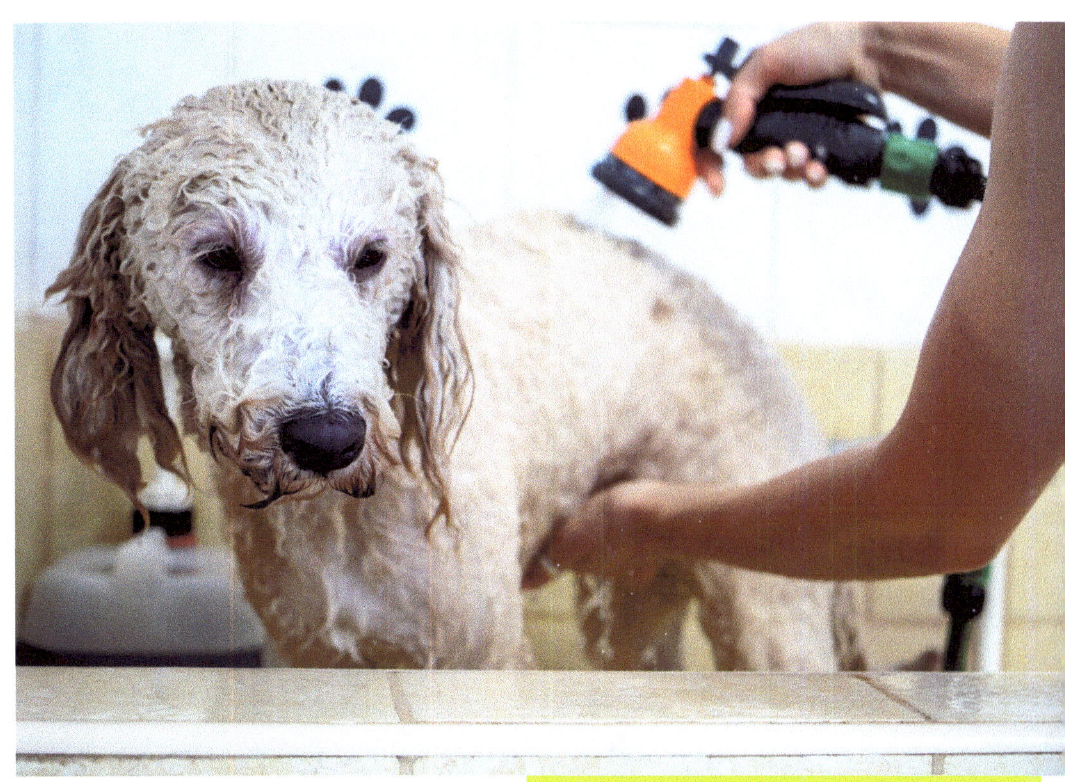

Durch die Kombination aus täglicher Fellpflege, regelmäßiger Reinigung und der Aufmerksamkeit für empfindliche Körperstellen wird nicht nur der natürliche Glanz und die Funktionalität des Fells erhalten, sondern auch das allgemeine Wohlbefinden des Hundes gefördert.

Mit einer liebevollen und konsequenten Pflegeroutine bleibt der Lagotto nicht nur äußerlich attraktiv, sondern auch gesund, vital und glücklich – ein echtes Zeugnis dafür, wie eng Körperpflege und Lebensqualität miteinander verknüpft sind.

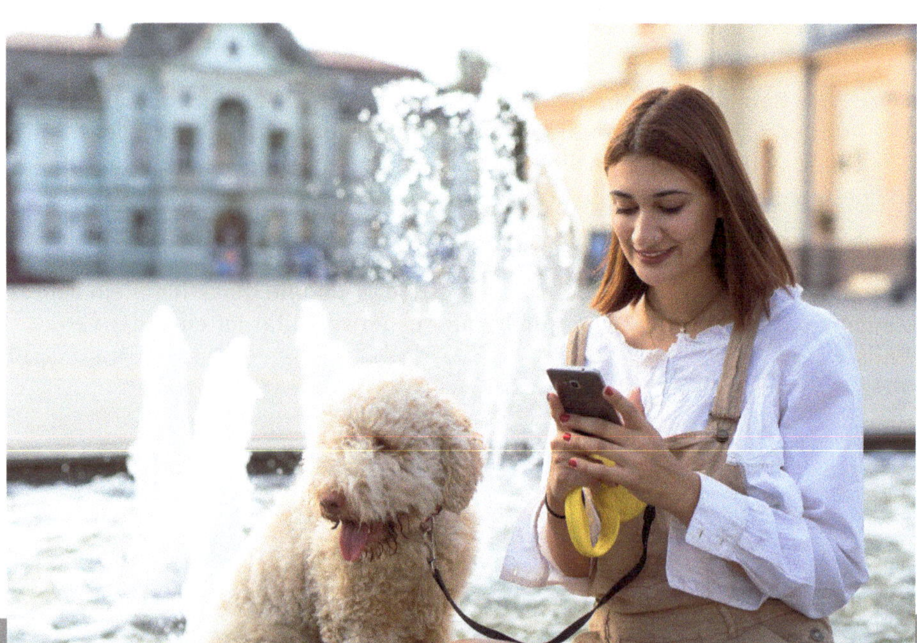

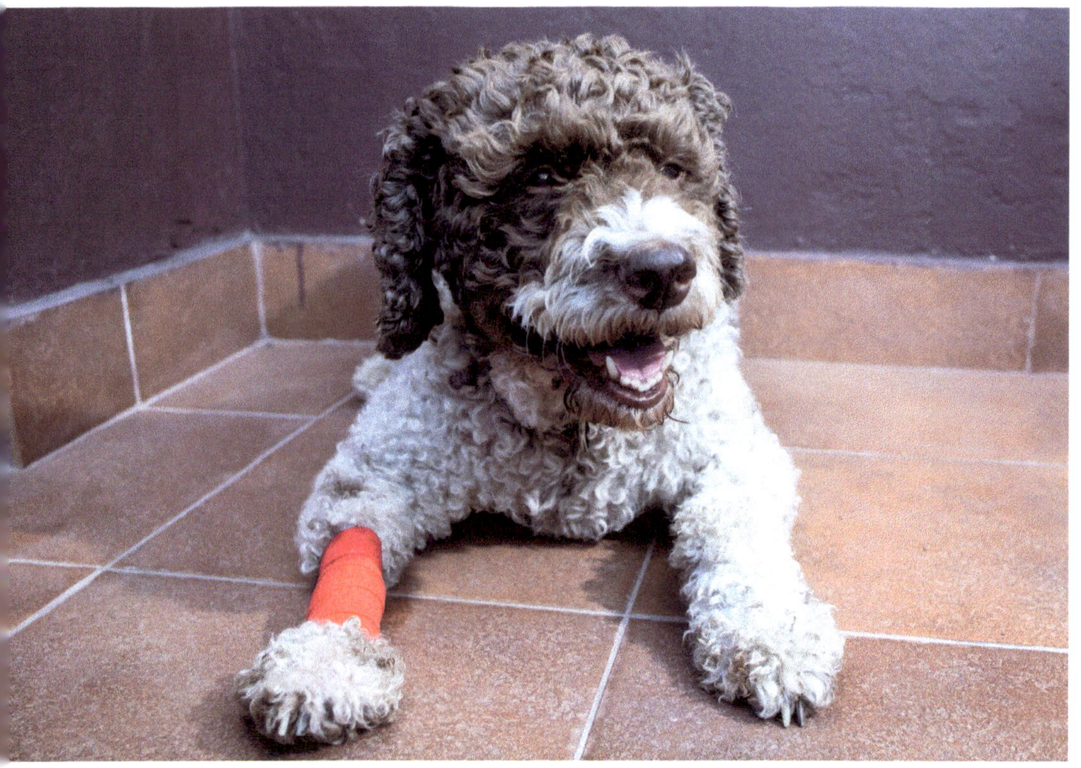

Noch ein Wichtiges Thema: Gesundheit

Die häufigsten Hundekrankheiten richtig erkennen und handeln.

Wie bei uns Menschen können auch unsere treuen Vierbeiner von verschiedenen Krankheiten betroffen sein. Einige können gut behandelt werden, während andere nur begrenzt oder gar nicht behandelbar sind.

In solchen Situationen ist es wichtig, Ihrem Hund zu helfen, mit der Krankheit zu leben. In diesem Kapitel erfahren Sie mehr über die gängigsten Hundekrankheiten, wie Sie ihre Symptome erkennen können und welche Maßnahmen Sie ergreifen können, um Ihrem Hund zu helfen.

Zwingerhusten: Symptome und Behandlungsmöglichkeiten

Zwingerhusten, auch als infektiöse Tracheobronchitis bekannt, ist eine weit verbreitete Atemwegserkrankung bei Hunden. Der Name „Zwingerhusten" stammt daher, dass die Krankheit häufig in Umgebungen auftritt, in denen viele Hunde zusammenleben, wie zum Beispiel in Tierheimen oder Hundezwingern. Es ist eine hoch ansteckende Erkrankung, die durch verschiedene Viren und Bakterien, darunter das Canine Parainfluenzavirus und Bordetella bronchiseptica, verursacht wird.

Symptome von Zwingerhusten

Die Symptome von Zwingerhusten sind in erster Linie Atemwegssymptome und können in der Schwere variieren. Typischerweise zeigen sich folgende Anzeichen:

Husten: Der auffälligste und markanteste Hinweis auf Zwingerhusten ist ein trockener, starker Husten. Dieser Husten kann so intensiv sein, dass er oft mit einem Würgen oder Erbrechen endet.

Nasenausfluss: Bei einigen Hunden kann ein klarer oder eitriger Nasenausfluss auftreten.

Fieber: In einigen Fällen kann es zu leichtem Fieber kommen.

Appetitlosigkeit und Lethargie: Einige Hunde können ihren Appetit verlieren und scheinen insgesamt weniger aktiv oder energiegeladen zu sein.

Atemnot: In schweren Fällen kann Zwingerhusten zu Atemnot führen.

Es ist wichtig zu beachten, dass einige Hunde, die mit den Erregern von Zwingerhusten infiziert sind, nur geringe oder gar keine Symptome zeigen können. Solche Hunde können jedoch immer noch die Krankheitserreger auf andere Hunde übertragen.

Behandlung von Zwingerhusten

Die Behandlung von Zwingerhusten konzentriert sich in erster Linie auf die Linderung der Symptome und die Unterstützung des Immunsystems des Hundes, um die Infektion zu bekämpfen.

In vielen milden Fällen erfordert Zwingerhusten keine spezifische medizinische Behandlung und kann sich innerhalb von ein bis zwei Wochen von selbst lösen. Es ist jedoch wichtig, dass der Hund während dieser Zeit ausreichend Ruhe bekommt und gut hydratisiert bleibt.

Bei stärkeren Symptomen kann der Tierarzt eine Reihe von Behandlungen verschreiben, darunter Hustenmittel, Antibiotika (um bakterielle Infektionen zu behandeln), und in einigen Fällen Bronchodilatatoren oder Steroide.

Prävention von Zwingerhusten

Die effektivste Methode zur Vorbeugung von Zwingerhusten ist die Impfung. Es gibt sowohl intranasale als auch injizierbare Impfstoffe, die gegen die gängigsten Erreger von Zwingerhusten schützen. Während die Impfung keinen 100%igen Schutz bietet, kann sie dazu beitragen, dass die Krankheit bei einem infizierten Hund milder verläuft.

Räude: Symptome und Therapieoptionen

Räude ist eine Hautkrankheit bei Hunden, die durch winzige Milben verursacht wird. Diese Parasiten graben sich in die Haut des Tieres ein und lösen starke Entzündungsreaktionen aus. Es gibt verschiedene Arten von Räudemilben, die jeweils unterschiedliche Formen von Räude verursachen, darunter die Sarcoptes-Räude (auch bekannt als Scabies) und die Demodikose. Beide Formen können je nach Stadium und Schweregrad verschiedene Symptome verursachen und erfordern eine spezifische Behandlung.

Symptome der Räude

Juckreiz: Dies ist das auffälligste Symptom bei der Räude. Hunde mit Räude kratzen, beißen und lecken sich häufig an den betroffenen Stellen, was oft zu Wunden und Hautentzündungen führt.

Haarausfall und Hautveränderungen: Bei Räude tritt oft ein verstärkter Haarausfall auf, insbesondere an den Ohren, Ellenbogen und am Bauch. Die Haut kann gerötet, verdickt und schuppig sein und einen unangenehmen Geruch entwickeln.

Sekundärinfektionen: Die ständige Reizung und das Kratzen können zu sekundären Hautinfektionen führen, die zu einer Verschlimmerung der Symptome führen können.

Behandlung der Räude

Die Behandlung der Räude konzentriert sich auf die Beseitigung der Milben und die Linderung der Symptome. Dies geschieht in der Regel durch die Anwendung von speziellen Medikamenten, die entweder oral, topisch (direkt auf die Haut) oder durch Injektion verabreicht werden. Einige dieser Medikamente töten die Milben direkt ab, während andere das Immunsystem des Hundes stärken, um die Milben zu bekämpfen. Je nach Art und Schweregrad der Räude kann die Behandlung mehrere Wochen bis Monate dauern.

Zusätzlich zur direkten Behandlung der Räude kann es notwendig sein, sekundäre Hautinfektionen mit Antibiotika oder antimykotischen Medikamenten zu behandeln. Zur Linderung des Juckreizes können entzündungshemmende Medikamente verabreicht werden.

Prävention von Räude

Die Vorbeugung gegen Räude beinhaltet in erster Linie die Vermeidung des Kontakts mit infizierten Tieren, da einige Formen von Räude (wie die Sarcoptes-Räude) hochgradig ansteckend sind. Regelmäßige Parasitenkontrollen, einschließlich der Anwendung von Floh- und Zeckenpräparaten, können ebenfalls helfen, Räude zu verhindern.

Wichtig ist auch, dass die Behandlung von Räude unter tierärztlicher Aufsicht erfolgen sollte, da eine falsche oder unzureichende Behandlung zu einer Verschlimmerung der Symptome und zu einer chronischen Erkrankung führen kann.

Magendrehung: Symptome und Behandlungsoptionen

Die Magendrehung, medizinisch als „Gastrische Dilatation-Volvulus" (GDV) bezeichnet, ist eine ernste und lebensbedrohliche Erkrankung, die bei Hunden auftreten kann. Diese tritt auf, wenn sich der Magen des Hundes aufbläht und dann um seine Achse dreht, wodurch der Magenausgang und die Rückkehr des Blutes zum Herzen blockiert werden. Ohne sofortige tierärztliche Behandlung kann diese Situation innerhalb weniger Stunden tödlich sein. Bestimmte Rassen, wie der Deutsche Schäferhund, die Dogge oder der Bernhardiner, sind aufgrund ihrer tiefen und breiten Brustkorbstruktur besonders gefährdet.

Symptome einer Magendrehung

Aufgeblähter Bauch: Eines der ersten Anzeichen einer Magendrehung ist ein stark vergrößerter und harter Bauch.

Unruhe und Unwohlsein: Hunde mit einer Magendrehung sind oft sehr unruhig und können Zeichen von Unwohlsein und Schmerzen zeigen, einschließlich Hecheln, Speicheln, Versuchen zu erbrechen (ohne Erfolg), und allgemeiner Schwäche.

Atembeschwerden: Da der aufgeblähte Magen gegen das Zwerchfell drückt, kann es zu Atemproblemen kommen, die sich in schneller und flacher Atmung äußern.

Schock: Bei fortgeschrittener GDV kann der Hund in einen Schockzustand geraten, der durch blasse Schleimhäute, schnellen Herzschlag, kalte Extremitäten und letztendlich Bewusstlosigkeit gekennzeichnet ist.

Behandlung der Magendrehung

Eine Magendrehung ist immer ein Notfall, der sofortige tierärztliche Hilfe erfordert. Die Behandlung besteht in der Regel aus zwei Phasen:

Stabilisierung: Zunächst wird versucht, den Zustand des Hundes zu stabilisieren, was die Gabe von intravenösen Flüssigkeiten und Medikamenten zur Schockbekämpfung beinhaltet. Manchmal wird auch ein Schlauch durch die Speiseröhre eingeführt, um Luft und Flüssigkeiten aus dem Magen zu entlassen und den Druck zu mindern.

Chirurgischer Eingriff: Sobald der Hund stabil ist, wird eine Operation durchgeführt, um den Magen zu entdrehen und in seine normale Position zu bringen. In vielen Fällen wird der Magen chirurgisch fixiert, um zukünftige Drehungen zu verhindern.

Prävention von Magendrehungen

Die Vorbeugung von Magendrehungen beinhaltet vor allem das Management der Fütterungsgewohnheiten. Es wird empfohlen, kleinere Mahlzeiten über den Tag verteilt zu füttern statt einer großen Mahlzeit, und körperliche Aktivität für mindestens eine Stunde nach dem Fressen zu vermeiden.

Hunde, die einem hohen Risiko ausgesetzt sind, können auch von einer prophylaktischen Operation profitieren, bei der der Magen an der Bauchwand fixiert wird, um eine mögliche Drehung zu verhindern. Diese Operation wird oft als „Gastropexie" bezeichnet und kann gleichzeitig mit der Kastration oder einem anderen Baucheingriff durchgeführt werden.

Es ist wichtig zu betonen, dass eine schnelle Erkennung und Behandlung von
GDV lebensrettend sein kann. Wenn Sie also bemerken, dass Ihr Hund Anzeichen einer Magendrehung zeigt, suchen Sie sofort einen Tierarzt auf. Denken
Sie daran, dass es sich um einen absoluten Notfall handelt - jede Sekunde
zählt.

Parvovirose: Anzeichen und Behandlungsmöglichkeiten

Die Parvovirose ist eine äußerst ansteckende und oft tödliche Viruser-
krankung, die insbesondere Welpen und nicht geimpfte Hunde betrifft. Die
Krankheit wird durch das Canine Parvovirus (CPV) verursacht, das zwei
Hauptformen hat: die intestinale und die kardiale. Die intestinale Form ist
am weitesten verbreitet und zeichnet sich durch Symptome wie Durchfall,
Erbrechen und Appetitlosigkeit aus. Die kardiale Form betrifft hauptsächlich
Welpen und führt zu einer Entzündung des Herzmuskels, was oft tödlich ist.

Anzeichen und Symptome

Die Symptome der Parvovirose können je nach Form der Erkrankung variieren. Bei der intestinalen Form gehören dazu:

- Stark riechender, blutiger Durchfall
- Erbrechen
- Appetitlosigkeit
- Lethargie
- Fieber
- Dehydration

Die kardiale Form der Parvovirose kann Symptome wie Atemnot, geschwolle-
ne Gliedmaßen und plötzlichen Tod hervorrufen. Es ist wichtig zu beachten,
dass Hunde, die eine Parvovirus-Infektion haben, schnell krank werden können und sofortige tierärztliche Versorgung benötigen.

Diagnose und Behandlung

Die Diagnose der Parvovirose basiert auf den klinischen Symptomen des
Hundes, der Anamnese und Labortests, einschließlich eines Schnelltests auf
Parvovirus im Stuhl.

Da es sich bei der Parvovirose um eine virale Erkrankung handelt, gibt es keine spezifische Heilung. Die Behandlung konzentriert sich daher auf die Linderung der Symptome und die Aufrechterhaltung der Funktionen des Körpers, während das Immunsystem den Virus bekämpft.

Die Behandlung kann folgendes beinhalten:

- Flüssigkeitstherapie zur Bekämpfung der Dehydration
- Medikamente zur Kontrolle von Erbrechen und Durchfall
- Antibiotika zur Bekämpfung sekundärer bakterieller Infektionen
- Ernährungstherapie zur Unterstützung der Genesung

Prävention

Die beste Methode zur Prävention von Parvovirose ist die Impfung. Welpen sollten in der Regel zwischen der 6. und 8. Lebenswoche ihre erste Parvovirus-Impfung erhalten und diese dann alle 3 bis 4 Wochen bis zum Alter von 16 Wochen wiederholen. Danach sollten sie alle ein bis zwei Jahre geboostert werden, abhängig von den Empfehlungen Ihres Tierarztes.

Es ist auch wichtig, nicht geimpfte oder nur teilweise geimpfte Hunde von Orten fernzuhalten, an denen sie mit dem Virus in Kontakt kommen könnten, wie öffentlichen Parks, Tierkliniken oder Orten, an denen viele Hunde zusammenkommen.

Hepatitis: Anzeichen und Behandlungsmöglichkeiten

Hundestaupe, auch bekannt als Infektiöse Canine Hepatitis (ICH), ist eine schwerwiegende und hochansteckende Viruserkrankung, die die Leber und andere Organe von Hunden betrifft. Die Krankheit wird durch das Canine Adenovirus Typ 1 (CAV-1) verursacht und kann Hunde aller Altersgruppen betreffen, obwohl Welpen und junge Hunde besonders gefährdet sind.

Anzeichen und Symptome

Die Symptome von Hepatitis bei Hunden können je nach Schweregrad der Infektion variieren. Einige Hunde können asymptomatisch sein, während andere mildere bis hin zu schweren Symptomen aufweisen können. Die Symptome können Folgendes umfassen:

- Fieber
- Appetitlosigkeit
- Lethargie

- Bauchschmerzen
- Erbrechen und Durchfall
- Gelbsucht (Gelbfärbung von Haut und Augen)
- Augenprobleme wie eine trübe oder bläuliche Hornhaut („blaue Augen")

In schweren Fällen kann es zu inneren Blutungen, Leberversagen und plötzlichem Tod kommen.

Diagnose und Behandlung

Die Diagnose von Hepatitis basiert in der Regel auf den klinischen Symptomen des Hundes, seiner Vorgeschichte und verschiedenen Labortests, einschließlich Blutuntersuchungen und speziellen Tests zum Nachweis des Virus.

Wie bei den meisten Viruserkrankungen gibt es keine spezifische Heilung für Hepatitis. Die Behandlung konzentriert sich daher auf die Unterstützung des Körpers des Hundes, während sein Immunsystem das Virus bekämpft. Dies kann beinhalten:

- Flüssigkeitstherapie zur Bekämpfung von Dehydration
- Medikamente zur Linderung von Symptomen wie Fieber und Erbrechen
- Spezielle Ernährung zur Unterstützung der Leberfunktion
- In einigen Fällen kann eine Krankenhausaufenthalt notwendig sein, besonders bei schwerkranken Hunden

Prävention

Die beste Methode zur Vorbeugung gegen Hepatitis ist die Impfung. In der Regel wird der Impfstoff gegen Canine Adenovirus Typ 2 (CAV-2) verwendet, der auch Schutz gegen CAV-1 bietet. Welpen sollten in der Regel ihre erste Hepatitis-Impfung zwischen 6 und 8 Wochen erhalten und dann alle 3 bis 4 Wochen bis zum Alter von 16 Wochen wiederholt werden. Danach sollte die Impfung alle 1 bis 2 Jahre aufgefrischt werden, abhängig von den Empfehlungen Ihres Tierarztes.

Hüftdysplasie (HD) und Ellbogendysplasie (ED): Anzeichen und Behandlungsmöglichkeiten

Hüftdysplasie (HD) und Ellbogendysplasie (ED) sind zwei häufige orthopädische Erkrankungen bei Hunden, die beide durch eine abnormale Entwicklung der jeweiligen Gelenke gekennzeichnet sind. Diese Erkrankungen können erhebliche Schmerzen verursachen und die Mobilität des Hundes einschränken.

Hüftdysplasie (HD)

Hüftdysplasie ist eine genetische Erkrankung, bei der das Hüftgelenk abnorm entwickelt ist. Dies kann dazu führen, dass der Hüftkopf nicht richtig in die Hüftpfanne passt, was zu Schmerzen und Bewegungseinschränkungen führen kann.

Anzeichen und Symptome:

- Schwierigkeiten beim Aufstehen oder Springen
- Schmerzen in der Hüftregion
- Lahmheit oder Hinken
- Verringerte Aktivität oder Bewegung

Ellbogendysplasie (ED)

Ellbogendysplasie ist ähnlich der Hüftdysplasie, betrifft jedoch das Ellbogengelenk. Diese Erkrankung kann verschiedene Formen annehmen, darunter FCP (Fragmentierte Koronoidprozesse), OCD (Osteochondrosis Dissecans) und UAP (Ununited Anconeal Process).

Anzeichen und Symptome:

- Lahmheit oder Hinken, besonders nach dem Aufwachen oder nach körperlicher Betätigung
- Schmerzen oder Unbehagen im Bereich des Ellbogens
- Eingeschränkte Beweglichkeit des Gelenks

Behandlung

Die Behandlung von HD und ED hängt von der Schwere der Erkrankung und dem Allgemeinzustand des Hundes ab und kann sowohl konservative als auch chirurgische Methoden umfassen.

Konservative Behandlung:

Schmerzmanagement: Nichtsteroidale entzündungshemmende Medikamente (NSAIDs) können eingesetzt werden, um Schmerzen und Entzündungen zu lindern. Gewichtsmanagement: Übergewichtige Hunde haben ein höheres Risiko für HD und ED, daher ist es wichtig, dass sie ein gesundes Gewicht halten. Physiotherapie: Übungen können helfen, die Muskelmasse zu erhöhen und die Beweglichkeit zu verbessern.

Chirurgische Behandlung:

Bei schweren Fällen von HD oder ED kann eine Operation notwendig sein. Es gibt verschiedene Arten von Operationen, einschließlich Hüft- oder Ellbogenersatz, Osteotomie und Arthrodese.

Prävention

Die Vorbeugung von HD und ED kann schwierig sein, da beide Erkrankungen einen starken genetischen Faktor haben. Eine sorgfältige Zuchtplanung, die Vermeidung von Überbelastung bei jungen Hunden und das Halten eines gesunden Gewichts können jedoch dazu beitragen, das Risiko zu verringern.

Allergien: Anzeichen und Behandlungsmöglichkeiten

Allergien sind bei Hunden ein weit verbreitetes Problem und können durch eine Vielzahl von Substanzen ausgelöst werden, darunter Pollen, Schimmelpilze, Hausstaubmilben, bestimmte Lebensmittel und Flohspeichel. Bei einer Allergie reagiert das Immunsystem des Hundes überempfindlich auf eine ansonsten harmlose Substanz, die als Allergen bezeichnet wird. Dies führt zu einer Reihe von Symptomen, die von milden Hautirritationen bis hin zu schweren gesundheitlichen Problemen reichen können.

Anzeichen und Symptome von Allergien bei Hunden

Die Symptome einer Allergie bei Hunden können je nach Ursache der Allergie und individuellen Reaktion des Hundes variieren. Typische Anzeichen können jedoch Folgendes umfassen:

- Juckreiz und Kratzen, oft an bestimmten Stellen wie Ohren, Pfoten, Gesicht und Bauch
- Rötung und Entzündung der Haut
- Hefepilz- oder bakterielle Infektionen der Haut, die oft durch übermäßiges Kratzen verursacht werden
- Haarausfall oder Hautausschläge
- Ohrinfektionen
- Niesen, Husten oder andere Atembeschwerden
- Verdauungsprobleme wie Durchfall oder Erbrechen, insbesondere bei Nahrungsmittelallergien

Behandlung von Allergien bei Hunden

Die Behandlung von Allergien bei Hunden hängt von der Art der Allergie und der Schwere der Symptome ab. Einige gängige Behandlungsstrategien können Folgendes umfassen:

- Allergenvermeidung: Dies ist die effektivste Methode zur Behandlung von Allergien und beinhaltet die Identifizierung und Eliminierung der Allergie auslösenden Substanz aus der Umgebung des Hundes.
- Medikamente: Verschiedene Arten von Medikamenten können zur Behandlung von Allergiesymptomen bei Hunden verwendet werden, darunter Antihistaminika, Steroide und Cyclosporine.
- Immuntherapie: Bei dieser Behandlung wird der Hund regelmäßig mit kleinen Mengen des Allergens injiziert, um das Immunsystem allmählich an die Substanz zu gewöhnen und die allergische Reaktion zu reduzieren.
- Änderungen in der Ernährung: Wenn eine Nahrungsmittelallergie vermutet wird, kann eine Eliminationsdiät helfen, die spezifischen Lebensmittel zu identifizieren, die die Allergie auslösen.

Es ist wichtig zu beachten, dass die Behandlung von Allergien oft ein längerfristiger Prozess ist und Geduld erfordert. Zudem sollten alle Behandlungspläne in Absprache mit einem Tierarzt erstellt werden, um sicherzustellen, dass sie für den spezifischen Hund und seine Bedürfnisse geeignet sind.

Ekto- und Endoparasiten: Anzeichen und Behandlungsmöglichkeiten

Parasiten stellen eine erhebliche Bedrohung für die Gesundheit unserer Hunde dar. Sie können grob in zwei Kategorien unterteilt werden: Ektoparasiten, die auf der Haut oder im Fell des Hundes leben, und Endoparasiten, die im Inneren des Hundes leben. Jede Art von Parasit kann spezifische Symptome hervorrufen und erfordert spezifische Behandlungen.

Ektoparasiten

Zu den gängigen Ektoparasiten, die Hunde befallen können, gehören Flöhe, Zecken und Milben.

Anzeichen und Symptome:

- Juckreiz und Kratzen
- Rötung und Entzündung der Haut
- Haarausfall

- Beim Flohbefall können kleine, schnell bewegliche, dunkle Punkte im Fell des Hundes sichtbar sein
- Zecken sind oft als kleine, dunkle Klumpen auf der Haut des Hundes sichtbar

Endoparasiten

Zu den gängigen Endoparasiten gehören Herzwürmer, Hakenwürmer, Bandwürmer und Peitschenwürmer.

Anzeichen und Symptome:

- Gewichtsverlust
- Durchfall
- Erbrechen
- Husten
- Schwäche und Lethargie
- Im Falle von Herzwürmern können Symptome wie Atemnot, verminderte Ausdauer und sogar plötzlicher Tod auftreten

Behandlung

Die Behandlung von Parasitenbefall hängt von der Art des Parasiten ab, aber generell kann sie Folgendes umfassen:

Ektoparasiten-Behandlung:

Topische Behandlungen: Diese werden direkt auf die Haut des Hundes aufgetragen und können dazu beitragen, Parasiten abzutöten und zukünftigen Befall zu verhindern.
Oralmedikamente: Diese können helfen, Parasiten abzutöten und können oft einfacher anzuwenden sein als topische Behandlungen, insbesondere bei Hunden, die nicht gerne gebadet werden oder schwierig zu handhaben sind.
Umgebungsbehandlung: Bei starkem Befall kann es notwendig sein, das gesamte Zuhause des Hundes zu behandeln, um Parasiten abzutöten und zukünftigen Befall zu verhindern.

Endoparasiten-Behandlung:

Oralmedikamente: Diese sind die gängigste Behandlung für Endoparasiten und können dazu beitragen, Parasiten abzutöten und zukünftigen Befall zu verhindern.

Bei schwerem Befall kann eine Krankenhauseinweisung und intravenöse Flüssigkeitsbehandlung erforderlich sein, insbesondere wenn der Hund stark dehydriert ist oder an schwerem Durchfall oder Erbrechen leidet.
Vorbeugung ist der Schlüssel zur Vermeidung von Parasitenbefall. Regelmäßige Parasitenkontrollen durch Ihren Tierarzt sind unerlässlich, ebenso wie die Einhaltung von Impfplänen und der Einsatz von vorbeugenden Behandlungen gegen Parasiten, wie von Ihrem Tierarzt empfohlen.

Für Ektoparasiten, insbesondere Flöhe und Zecken, sind regelmäßige Fellkontrollen wichtig, besonders nach Spaziergängen in der Natur. Verwenden Sie gegebenenfalls ein Floh- und Zeckenschutzmittel, das auf die Haut des Hundes aufgetragen oder oral verabreicht wird. Es ist auch hilfreich, das Wohn- und Schlafgebiet des Hundes sauber und frei von Parasiten zu halten.

Bei Endoparasiten ist es wichtig, den Kot Ihres Hundes regelmäßig zu kontrollieren, insbesondere wenn Ihr Hund Durchfall hat oder ungewöhnliche Kotgewohnheiten zeigt. Stellen Sie sicher, dass Ihr Hund sauberes Wasser trinkt und nicht aus Pfützen oder stehenden Gewässern trinkt, da diese oft Parasiteneier enthalten können. Geben Sie Ihrem Hund regelmäßig Entwurmungsmittel, wie von Ihrem Tierarzt empfohlen.

Im Falle eines Befalls ist es wichtig, sofort einen Tierarzt zu konsultieren, um eine geeignete Behandlung zu beginnen und weitere Ansteckungen zu verhindern. Bei korrekter Behandlung und guter Prävention können die meisten parasitären Infektionen erfolgreich kontrolliert werden, um die Gesundheit und das Wohlbefinden Ihres Hundes zu schützen.

Die Sache mit der Läufigkeit

Die Läufigkeit ist ein natürlicher Aspekt im Leben jeder weiblichen Hündin und Teil ihres Fortpflanzungszyklus. Es ist ein Prozess, der mit der Geschlechtsreife beginnt und bis ins hohe Alter fortbesteht, sofern die Hündin nicht kastriert wurde. Dieser Artikel wird die Phasen der Läufigkeit, Anzeichen und mögliche Verhaltensänderungen während dieser Zeit beleuchten.

Der Zyklus der Läufigkeit bei Hündinnen läuft in vier Hauptphasen ab:

Proöstrus: Dies ist die erste Phase der Läufigkeit, die zwischen wenigen Tagen bis zu zwei Wochen dauern kann. In dieser Phase bereitet sich der Körper der Hündin auf eine mögliche Schwangerschaft vor. Sie beginnt zu bluten, und ihre Vulva schwillt an. Obwohl sie noch nicht bereit für die Paarung ist, kann sie bereits das Interesse von Rüden wecken.

Östrus: Dies ist die Phase, in der die Hündin empfängnisbereit ist und oft als „Hitze" bezeichnet wird. Sie dauert etwa neun Tage, kann aber zwischen vier und vierzehn Tagen variieren. Das blutige Sekret wird in dieser Phase heller und wässriger, und die Hündin zeigt wahrscheinlich Interesse an Rüden.

Metöstrus (oder Diöstrus): In dieser Phase, die etwa zwei Monate dauert, ist die Hündin nicht mehr empfängnisbereit. Ihr Körper geht davon aus, dass sie trächtig ist, unabhängig davon, ob dies tatsächlich der Fall ist. Das bedeutet, dass ihr Körper Progesteron produziert, ein Hormon, das für die Aufrechterhaltung einer Schwangerschaft benötigt wird.

Anöstrus: Dies ist die Ruhephase zwischen den Zyklen. Sie kann mehrere Monate dauern und ist die einzige Phase, in der der Körper der Hündin nicht auf Reproduktion ausgerichtet ist.

Die Läufigkeit kann das Verhalten einer Hündin stark beeinflussen. Sie kann während dieser Zeit besonders anhänglich sein oder im Gegenteil eher unabhängig und distanziert wirken. Einige Hündinnen können auch ängstlicher oder reizbarer als gewöhnlich sein. Es ist wichtig, sich daran zu erinnern, dass jede Hündin individuell auf die Läufigkeit reagiert.

Die Läufigkeit kann auch gesundheitliche Auswirkungen haben. Während der Läufigkeit sind Hündinnen anfälliger für Infektionen der Gebärmutter, wie die Pyometra. Es besteht auch ein erhöhtes Risiko für bestimmte Arten von Brustkrebs. Wenn Sie nicht planen, mit Ihrer Hündin zu züchten, kann eine Kastration in Betracht gezogen werden, um diese Risiken zu vermindern.

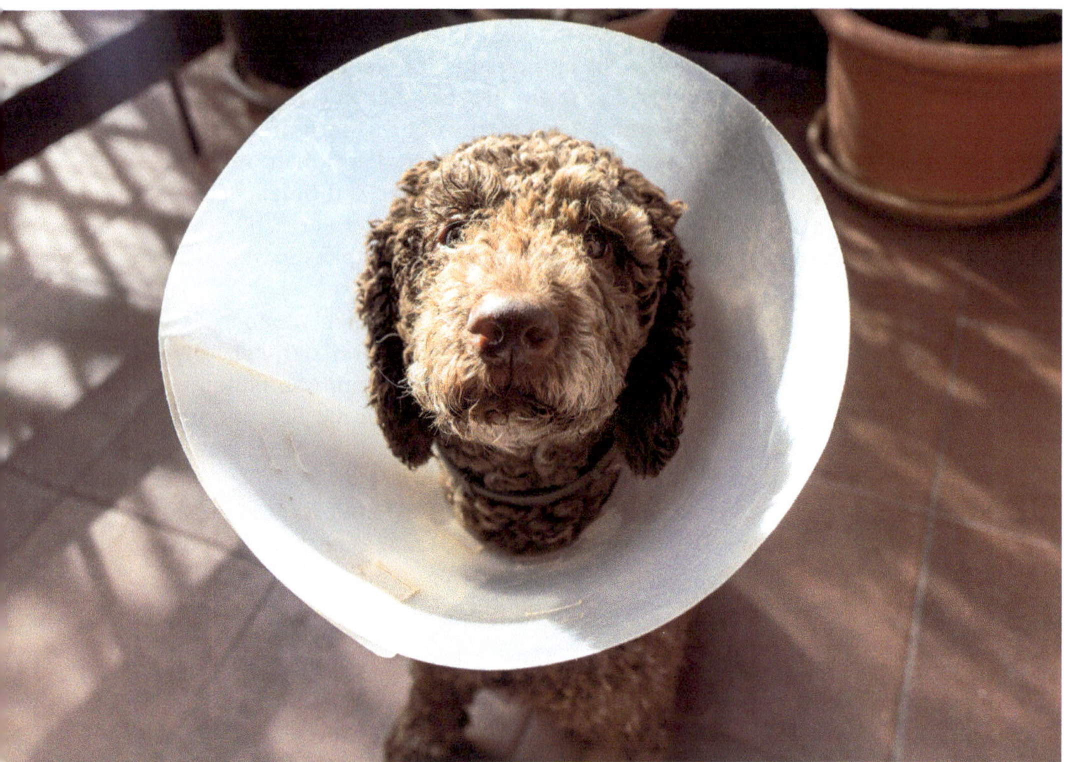

Typisch aber nicht zwangsläufig.

Der Lagotto Romagnolo gilt allgemein als eine robuste und gesunde Hunderasse, die sich durch ihre Anpassungsfähigkeit und ihren ausgeprägten Geruchssinn auszeichnet. Dennoch ist es wichtig, auch die rassespezifischen Krankheiten im Blick zu behalten, die trotz der allgemeinen Vitalität dieser Hunde auftreten können.

Eine der am häufigsten berichteten Erbkrankheiten ist die benigne juvenile Epilepsie. Diese neurologische Störung manifestiert sich häufig in den ersten Lebensmonaten und äußert sich in Form wiederkehrender epileptischer Anfälle. Glücklicherweise klingen diese Anfälle in der Regel ab, sobald das Tier in das junge Erwachsenenalter eintritt. Die genetische Grundlage dieser Epilepsie wird intensiv erforscht, sodass Zuchtverbände zunehmend genetische Tests in ihr Programm integrieren, um das Risiko in künftigen Generationen zu minimieren.

Neben der Epilepsie gibt es auch Hinweise darauf, dass vereinzelt Augenprobleme in der Rasse auftreten können. Einige Lagotto Romagnoli zeigen in seltenen Fällen Anzeichen von erblich bedingten Netzhautveränderungen, die sich negativ auf die Sehschärfe auswirken können. Obwohl diese Befunde nicht der Regel entsprechen, empfehlen Experten regelmäßige augenärztliche Untersuchungen, um eventuelle Auffälligkeiten rechtzeitig zu erkennen und gegebenenfalls zu behandeln.

Auch der Bewegungsapparat sollte bei dieser aktiven Rasse nicht außer Acht gelassen werden. Die muskulöse und kompakte Statur des Lagotto ist zwar grundsätzlich förderlich für seine Einsatzgebiete – sei es bei der Wasserjagd oder der Trüffelsuche – dennoch können übermäßige Belastungen oder unzureichende Bewegung zu Gelenk- oder Knorpelproblemen führen. Eine ausgewogene Kombination aus artgerechter Bewegung und angepasster Ernährung ist daher unerlässlich, um dem Risiko orthopädischer Beschwerden vorzubeugen.

Züchter und Zuchtvereine haben in den vergangenen Jahren vermehrt Anstrengungen unternommen, die genetische Gesundheit der Rasse zu sichern. Durch sorgfältige Auswahl der Zuchttiere und den Einsatz moderner genetischer Untersuchungen wird versucht, das Auftreten rassespezifischer Krankheiten möglichst zu reduzieren, ohne dabei die charakteristischen Merkmale – wie den feinen Geruchssinn und das Fell – zu vernachlässigen.

Insgesamt zeigt sich, dass der Lagotto Romagnolo trotz einiger genetischer Risiken als robuste und vielseitige Hunderasse gilt. Das Bewusstsein um die möglichen rassespezifischen Erkrankungen, insbesondere der benigne juvenile Epilepsie und vereinzelt auftretender Augenprobleme, ermöglicht es verantwortungsbewussten Besitzern und Züchtern, frühzeitig präventive Maßnahmen zu ergreifen.

So trägt eine kontinuierliche Gesundheitsvorsorge wesentlich dazu bei, dass diese charmante Rasse nicht nur in ihrer ursprünglichen Funktion als Arbeitshund, sondern auch als treuer Familienbegleiter über viele Jahre hinweg gesund und vital bleibt.

Ihr Lagotto Romagnolo wird alt.

Das Altern ist ein natürlicher Prozess, der jeden lebenden Organismus betrifft, einschließlich unserer geliebten Hunde. Wie Menschen durchlaufen auch Hunde verschiedene Stadien im Leben, von der Welpenzeit über die Adoleszenz bis hin zum Erwachsenenalter und schließlich zum Alter. Während diese Phase mit gewissen Herausforderungen verbunden ist, bringt sie auch eine einzigartige Freude und Zufriedenheit mit sich. In diesem Artikel werden wir uns darauf konzentrieren, was es bedeutet, einen älteren Hund zu haben, und wie Sie Ihren vierbeinigen Freund in dieser Phase optimal unterstützen können.

Erkennung des Alterns bei Hunden
Das Alter, in dem ein Hund als „alt" gilt, variiert je nach Rasse und Größe des Hundes. Kleinere Hunde tendieren dazu, länger zu leben und gelten oft erst ab einem Alter von etwa 10-12 Jahren als Senior. Es ist wichtig zu beachten,

Umrechnungstabelle Hunde-/Menschenalter

Hundealter	Riesenrassen über 45 kg	Mittlere Rassen 15 - 45 kg	Kleine Rassen bis 15 kg
0,5	8	10	15
1	14	18	20
1,5	18	21	24
2	22	27	28
3	31	33	32
4	40	39	36
5	49	45	40
6	58	51	44
7	67	57	48
8	76	63	52
9	85	69	56
10	94	75	60
11	100	80	64
12		85	68
13		90	72
14		95	76
15		100	80
16			84
17			88
18			92
19			96
20			100

dass das Alter allein nicht unbedingt den Gesundheitszustand oder die Vitalität eines Hundes bestimmt. Viele ältere Hunde bleiben bis ins hohe Alter aktiv und gesund.

Einige Anzeichen, dass Ihr Hund älter wird, können beinhalten:

*   Verminderte Aktivität oder Energie
*   Veränderungen im Schlafmuster
*   Gewichtszunahme oder -verlust
*   Verminderte Seh- oder Hörleistung
*   Veränderungen im Fell, wie z.B. Graufärbung oder erhöhter Haarausfall
*   Veränderungen im Verhalten oder der Persönlichkeit
*   Schwierigkeiten beim Aufstehen, Laufen oder Springen

Gesundheitliche Herausforderungen älterer Hunde

Mit dem Alter können verschiedene gesundheitliche Herausforderungen auftreten. Einige häufige Erkrankungen bei älteren Hunden sind:

*   Arthritis: Diese entzündliche Erkrankung der Gelenke ist besonders bei älteren Hunden verbreitet und kann Schmerzen und Bewegungseinschränkungen verursachen.
*   Zahnprobleme: Ohne regelmäßige Zahnpflege können sich im Laufe der Zeit Zahnstein und Zahnfleischerkrankungen entwickeln, die Schmerzen und Schwierigkeiten beim Fressen verursachen können.
*   Herzerkrankungen: Mit zunehmendem Alter steigt das Risiko für Herzerkrankungen wie Herzinsuffizienz.
*   Krebs: Ältere Hunde haben ein erhöhtes Risiko für verschiedene Arten von Krebs.
*   Nieren- und Lebererkrankungen: Diese Organe können im Laufe der Jahre Schäden erleiden, was zu einer verminderten Funktion führen kann.
*   Kognitive Dysfunktion: Ähnlich wie bei der Alzheimer-Krankheit beim Menschen können ältere Hunde Anzeichen von Verwirrung und Desorientierung zeigen.

Pflege und Unterstützung für ältere Hunde

Trotz der Herausforderungen, die das Alter mit sich bringt, gibt es viele Möglichkeiten, wie Sie Ihrem älteren Hund helfen können, ein glückliches und gesundes Leben zu führen.

Ernährung
Die Ernährungsbedürfnisse älterer Hunde unterscheiden sich von denen jüngerer Hunde. Ältere Hunde haben in der Regel einen langsameren Stoffwechsel und benötigen daher weniger Kalorien, um eine Gewichtszunahme zu vermeiden. Gleichzeitig können sie von einer Ernährung profitieren, die reich an hochwertigen Proteinen und Ballaststoffen ist und einen moderaten Fettgehalt hat. In einigen Fällen können spezielle Diäten oder Nahrungsergänzungsmittel hilfreich sein, insbesondere wenn Ihr Hund bestimmte gesundheitliche Probleme hat. Eine professionelle Ernährungsberatung kann dabei helfen, den individuellen Ernährungsbedarf Ihres älteren Hundes zu bestimmen.

Bewegung
Trotz möglicher Mobilitätseinschränkungen benötigen ältere Hunde weiterhin regelmäßige Bewegung, um fit und gesund zu bleiben. Die Art und Dauer der Bewegung sollte an die körperliche Verfassung des Hundes angepasst werden. Kurze, sanfte Spaziergänge oder leichtes Spielen können oft gut vertragen werden. Schwimmen kann eine gute Alternative für Hunde mit Gelenkproblemen sein, da es ein gelenkschonendes Training ermöglicht. Denken Sie daran, dass Bewegung auch wichtig ist, um geistig fit zu bleiben, so dass Aktivitäten, die Denkarbeit erfordern, wie Suchspiele oder Training von Tricks, auch hilfreich sein können.

Medizinische Versorgung
Ältere Hunde sollten regelmäßig vom Tierarzt untersucht werden, um frühzeitig Krankheiten zu erkennen und zu behandeln. Abhängig von der Gesundheit Ihres Hundes könnten diese Untersuchungen halbjährlich oder jährlich stattfinden. Ihr Tierarzt kann Ihnen auch bei Fragen zur Ernährung, Bewegung und Pflege Ihres älteren Hundes behilflich sein.

Komfort und Pflege
Ältere Hunde können empfindlicher gegenüber Kälte und Hitze sein und benötigen daher einen warmen, bequemen Schlafplatz. Orthopädische Betten können besonders für Hunde mit Arthritis oder anderen Gelenkproblemen hilfreich sein. Eine regelmäßige Pflege, einschließlich Bürsten und Baden, kann dazu beitragen, das Fell und die Haut Ihres Hundes gesund zu halten. Besondere Aufmerksamkeit sollte der Mundpflege gewidmet werden, um Zahnproblemen vorzubeugen.

Aktivitäten müssen sein!

Eines sollte klar sein: Ihr Lagotto Romagnolo ist von Natur aus ein Arbeitshund mit einer langen Geschichte als Trüffelsuchhund.
Es handelt es sich um eine äußerst aktive und intelligente Rasse, die sowohl geistige als auch körperliche Beschäftigung braucht. Ein Lagotto liebt es, gefordert zu werden – sei es durch Nasenarbeit, Suchspiele oder sportliche Aktivitäten. Hier ein paar Beispiele:

- Agility
- Dogdancing
- Discdogging oder Hundefrisbee
- Obedience
- Schwimmen
- Apportieren
- Zielobjektsuche

Agility: Ein dynamischer Hundesport für Körper und Geist

Agility ist ein Hundesport, der ursprünglich in England entstanden ist und sich seitdem weltweit zu einer der beliebtesten Hundesportarten entwickelt hat. Die Grundidee besteht darin, einen Hindernisparcours zu durchlaufen, wobei Geschwindigkeit und Präzision im Vordergrund stehen. Doch Agility ist mehr als nur ein Wettkampf - es ist eine großartige Möglichkeit, die Bindung zwischen Ihnen und Ihrem Hund zu stärken, gleichzeitig körperliche und geistige Fitness zu fördern und einfach Spaß zu haben.

Was ist Agility?
Im Agility führt ein Hundeführer seinen Hund durch einen Parcours aus verschiedenen Hindernissen. Diese können u.a. Hürden, Tunnel, Wippen, Sla-

lomstangen und Stege beinhalten. Der Hund soll diese Hindernisse in einer
bestimmten Reihenfolge und so schnell wie möglich, aber ohne Fehler, über-
winden. Dabei ist der Hundeführer nicht nur für die Navigation des Parcours
verantwortlich, sondern auch dafür, seinen Hund durch Körpersprache und
verbale Kommandos zu führen.

Vorteile von Agility
Agility bietet zahlreiche Vorteile für Sie und Ihren Hund:

Körperliche Fitness: Agility ist ein intensiver Sport, der sowohl Ausdauer als
auch Geschicklichkeit fördert. Ihr Hund wird durch den Parcours rennen,
springen, kriechen und balancieren, was zur Stärkung der Muskulatur, Verbesserung der Koordination und Förderung der körperlichen Fitness beiträgt.

Geistige Stimulation: Bei Agility geht es nicht nur um körperliche Aktivität.
Ihr Hund muss auch lernen, Kommandos zu verstehen und auf Ihre Anweisungen zu reagieren, was geistige Agilität und Konzentrationsfähigkeit erfordert.

Bindung: Durch das gemeinsame Training und die Arbeit im Team können Sie
eine tiefe Bindung zu Ihrem Hund aufbauen. Ihr Hund lernt, auf Ihre Anweisungen zu hören und Ihnen zu vertrauen, während Sie lernen, die Körpersprache und die Bedürfnisse Ihres Hundes besser zu verstehen.

Sozialisierung: Agility-Kurse und -Wettbewerbe sind oft gesellige Veranstal-
tungen, bei denen Sie andere Hundefreunde treffen können. Dies bietet auch
Ihrem Hund die Möglichkeit, andere Hunde und Menschen kennenzulernen.

Spaß: Nicht zuletzt macht Agility einfach Spaß! Die Freude und Begeisterung,
die Hunde beim Durchlaufen des Parcours zeigen, sind ansteckend und machen diesen Sport zu einer unterhaltsamen Aktivität für alle Beteiligten.

Ist mein Hund für Agility geeignet?
Grundsätzlich kann jeder gesunde Hund Agility betreiben. Allerdings sollte
er ein gewisses Grundmaß an Gehorsam mitbringen und in der Lage sein,
grundlegende Kommandos zu befolgen. Zudem sollte er gesund und in guter
körperlicher Verfassung sein, da Agility eine hohe körperliche Belastung dar-
stellt. Einige Rassen, insbesondere Arbeitshunde wie Collies oder Australian
Shepherds, haben eine natürliche Begabung für diesen Sport, aber im Grunde
kann jeder Hund, unabhängig von Rasse oder Größe, an Agility-Training teilnehmen und Freude daran finden. Dein ist von seinen Anlagen her bestens
für diesen Sport geeignet!
Bevor Sie mit dem Agility-Training beginnen, sollten Sie Ihren Hund von

einem Tierarzt untersuchen lassen, um sicherzustellen, dass er gesund genug
für diese Art von körperlicher Aktivität ist. Besonders bei jungen Hunden ist
es wichtig, sicherzustellen, dass ihre Knochen und Gelenke vollständig entwickelt sind, bevor sie mit intensiven Sprungübungen beginnen.

Wie fange ich mit Agility an?

Der beste Weg, um mit Agility zu beginnen, ist der Besuch eines Agility-Kur-
ses oder -Workshops. Ein erfahrener Trainer kann Ihnen und Ihrem Hund die
Grundlagen beibringen und sicherstellen, dass Sie die Übungen sicher und
korrekt ausführen. Er kann Ihnen auch dabei helfen, Ihre Technik zu verbessern und Ihren Hund effektiv zu führen.

Ein Agility-Parcours kann zunächst überwältigend wirken, aber keine Sorge
- Sie und Ihr Hund werden schrittweise an die verschiedenen Hindernisse herangeführt. Normalerweise beginnen Sie mit einfacheren Übungen und fügen
nach und nach mehr Hindernisse und komplexere Sequenzen hinzu, sobald
Sie und Ihr Hund sich sicherer fühlen.

Es ist wichtig, dass das Training immer positiv und spielerisch gestaltet wird.
Loben Sie Ihren Hund, wenn er ein Hindernis erfolgreich überwindet, und
ermutigen Sie ihn, auch wenn er Schwierigkeiten hat. Ihr Ziel sollte es sein,
dass Ihr Hund Agility als ein lustiges Spiel ansieht, nicht als eine anstrengen-
de Arbeit.

Fazit

Agility ist ein aufregender und anspruchsvoller Sport, der Ihnen und Ihrem
Hund viele Vorteile bietet. Es fördert nicht nur körperliche Fitness und geistige Stimulation, sondern stärkt auch die Bindung zwischen Ihnen und Ihrem
Hund und bietet viele Möglichkeiten für Spaß und Geselligkeit. Egal, ob Sie
nur zum Spaß trainieren oder an Wettbewerben teilnehmen möchten, Agility
ist eine großartige Aktivität für Sie und Ihren vierbeinigen Freund.

Obedience: Eine hochdisziplinierte Hundesportart

Obedience ist eine Hundesportart, die auf Gehorsam und präzise Ausführung
von Übungen basiert. Der Name „Obedience" stammt aus dem Englischen und
bedeutet Gehorsam, was gut den Geist dieser Disziplin widerspiegelt. Es handelt sich dabei um eine hochdisziplinierte Form der Hundeausbildung, bei der
es auf Präzision, Synchronisation und den harmonischen Umgang zwischen
Hund und Mensch ankommt.

Was ist Obedience?
Bei Obedience-Wettbewerben führen Hund und Halter eine Reihe von Übungen aus, die auf die enge Zusammenarbeit zwischen den beiden abzielen. Die
Übungen umfassen sowohl Grundkommandos wie „Sitz", „Platz" und „Bleib",
als auch komplexere Aufgaben wie Apportieren, Richtungswechsel auf Kommando, Identifizierung und Wiedererlangung von Gegenständen oder das
Befolgen von Kommandos auf Distanz.

Es gibt verschiedene Leistungsstufen in Obedience-Wettbewerben, von Ein-
steigerklassen bis hin zu sehr fortgeschrittenen Klassen. Die Schwierigkeit
und Komplexität der Übungen steigen mit den höheren Leistungsstufen.

Die Bewertung bei Obedience-Wettbewerben basiert auf der Genauigkeit
der Ausführung, der Geschwindigkeit und der Harmonie zwischen Hund und
Halter. Punkte können abgezogen werden, wenn der Hund nicht genau auf
die Signale des Halters reagiert, wenn er abgelenkt oder unsicher wirkt oder
wenn der Halter seine Anweisungen wiederholen muss.

Wie fange ich mit Obedience an?
Das Training für Obedience kann bereits im Welpenalter beginnen, indem die
Grundkommandos wie „Sitz", „Platz" und „Komm" eingeführt werden. Ein
gutes Grundgehorsam ist die Basis für alle weiteren Obedience-Übungen.

Es wird empfohlen, sich einer Hundeschule oder einem Hundeverein anzu-
schließen, der Obedience-Kurse anbietet. Dort können Sie unter Anleitung
erfahrener Trainer lernen und Ihr Training mit anderen Hundehaltern teilen.

Das Training sollte immer positiv und motivierend gestaltet sein. Belohnungen in Form von Leckerlis, Spielzeug oder Lob sind wichtig, um den Hund zu
ermutigen und seine Motivation aufrechtzuerhalten.

Fazit

Obedience ist mehr als nur eine Hundesportart - es ist eine Philosophie der Zusammenarbeit und des Respekts zwischen Hund und Mensch. Es fördert nicht nur den Gehorsam und die Disziplin des Hundes, sondern auch seine geistige Auslastung und die Bindung zu seinem Halter. Gleichzeitig stellt es eine anspruchsvolle und bereichernde Aufgabe für den Halter dar, die viel Geduld, Konsequenz und Verständnis für die Bedürfnisse und Fähigkeiten seines Hundes erfordert.

Apportieren: Ein Hundesport für alle

Apportieren ist eine beliebte und weit verbreitete Hundesportart, die sowohl körperliche als auch geistige Stimulation für Hunde bietet. Bei dieser Aktivität geht es darum, dass der Hund einen geworfenen Gegenstand, meist ein Ball oder Dummy, zurückbringt und seinem Besitzer übergibt. Apportieren kann einfach als Freizeitbeschäftigung oder als ernsthafter Sport betrieben werden und ist besonders bei aktiven Hunden sehr beliebt.

Grundlagen des Apportierens

Ausgangslage: Der Hund befindet sich an der Seite oder vor dem Besitzer und wartet auf das Kommando.

Werfen des Gegenstandes: Der Besitzer wirft einen Ball, Dummy oder einen anderen geeigneten Gegenstand in eine bestimmte Richtung. Der Gegenstand sollte in einer Entfernung landen, die dem Trainingsstand des Hundes entspricht.

Kommando: Der Hund erhält das Kommando, den Gegenstand zu holen. Typische Kommandos sind „Apport", „Hol" oder „Bring".

Aufnehmen des Gegenstandes: Der Hund läuft zum geworfenen Gegenstand, nimmt ihn ins Maul und kehrt zum Besitzer zurück.

Übergabe: Der Hund bringt den Gegenstand zum Besitzer und gibt ihn auf Kommando ab. Dies kann durch direktes Übergeben in die Hand oder durch Ablegen vor den Füßen des Besitzers geschehen.

Vorteile des Apportierens

Körperliche Auslastung: Apportieren bietet intensive körperliche Bewegung, die den Hund fit und gesund hält. Das Rennen und Springen beim Holen des Gegenstandes trainiert verschiedene Muskelgruppen und fördert die Ausdauer.

Geistige Stimulation: Apportieren erfordert Konzentration und Aufmerksamkeit, was den Hund geistig fordert. Das Erlernen und Befolgen von Kommandos stärkt die geistige Fitness und verbessert die Gehorsamkeit.

Bindung zwischen Hund und Besitzer: Apportieren ist eine interaktive Aktivität, die die Beziehung zwischen Hund und Besitzer stärkt. Das gemeinsame

Spielen und Trainieren fördert Vertrauen und Zusammenarbeit.

Spaß und Abwechslung: Für viele Hunde ist Apportieren eine der spaßigsten Aktivitäten. Es bietet Abwechslung und kann in verschiedenen Umgebungen, wie im Park, am Strand oder im eigenen Garten, durchgeführt werden.

Trainingstipps für Apportieren

Grundgehorsam: Bevor mit dem Apportiertraining begonnen wird, sollte der Hund die Grundkommandos wie „Sitz", „Bleib" und „Komm" beherrschen. Dies erleichtert das Training und sorgt für Sicherheit.

Positive Verstärkung: Verwenden Sie Leckerlis, Lob und Spielzeug als Belohnung, um den Hund zu motivieren und das gewünschte Verhalten zu verstärken.

Discdogging: Spielerische Akrobatik für Hund und Mensch

Discdogging, auch bekannt als Frisbee für Hunde, ist eine dynamische und aufregende Hundesportart, die auf der ganzen Welt immer beliebter wird. Diese Aktivität verbindet das Spiel und die Ausbildung Ihres Hundes auf spielerische Weise und stärkt gleichzeitig die Bindung zwischen Ihnen beiden. Der Sport ist für alle Hunderassen geeignet, solange der Hund gesund und in guter körperlicher Verfassung ist.

Was ist Discdogging?

Discdogging ist eine Hundesportart, bei der Hunde geführte Würfe mit einer Frisbee-Scheibe fangen. Der Hundebesitzer wirft die Scheibe, und der Hund muss sie fangen, oft nachdem er mehrere akrobatische Sprünge und andere Manöver ausgeführt hat.

Es gibt verschiedene Disziplinen im Discdogging, darunter Toss & Fetch, Freestyle und Long Distance. In der Toss & Fetch Disziplin hat der Mensch-Hund-Team eine Minute Zeit, so viele Würfe wie möglich zu machen, und Punkte werden basierend darauf vergeben, wie weit der Wurf ging und ob der Hund die Scheibe gefangen hat. Freestyle erfordert hingegen eine Choreographie mit Musik, bei der eine Vielzahl von Tricks und Würfen gezeigt wird. Long Distance ist ein Wettbewerb, bei dem es darum geht, die Scheibe so weit wie möglich zu werfen und der Hund sie fangen muss.

Wie fange ich mit Discdogging an?

Der Einstieg in das Discdogging ist relativ einfach und erfordert keine spezielle Ausrüstung außer einer geeigneten Hundefrisbee. Es ist wichtig, eine Frisbee zu verwenden, die für Hunde entwickelt wurde, da herkömmliche Frisbees zu hart sein können und den Mund Ihres Hundes verletzen können.

Für Anfänger ist es ratsam, mit einfachen Würfen zu beginnen und sicherzustellen, dass Ihr Hund das Prinzip des Spiels versteht und Freude daran hat. Von dort aus können Sie allmählich komplexere Würfe und Tricks einführen.

Es ist wichtig, darauf zu achten, dass Ihr Hund während des Trainings und des Spiels nicht überanstrengt wird. Stellen Sie sicher, dass Ihr Hund gut aufgewärmt ist und Pausen macht, um zu verhindern, dass er sich verletzt.

Fazit

Discdogging ist ein toller Sport für Hunde, die viel Energie und eine natürliche Neigung zum Apportieren haben. Es ist eine ausgezeichnete Möglichkeit, Ihren Hund geistig und körperlich zu fordern und gleichzeitig Spaß zu haben.

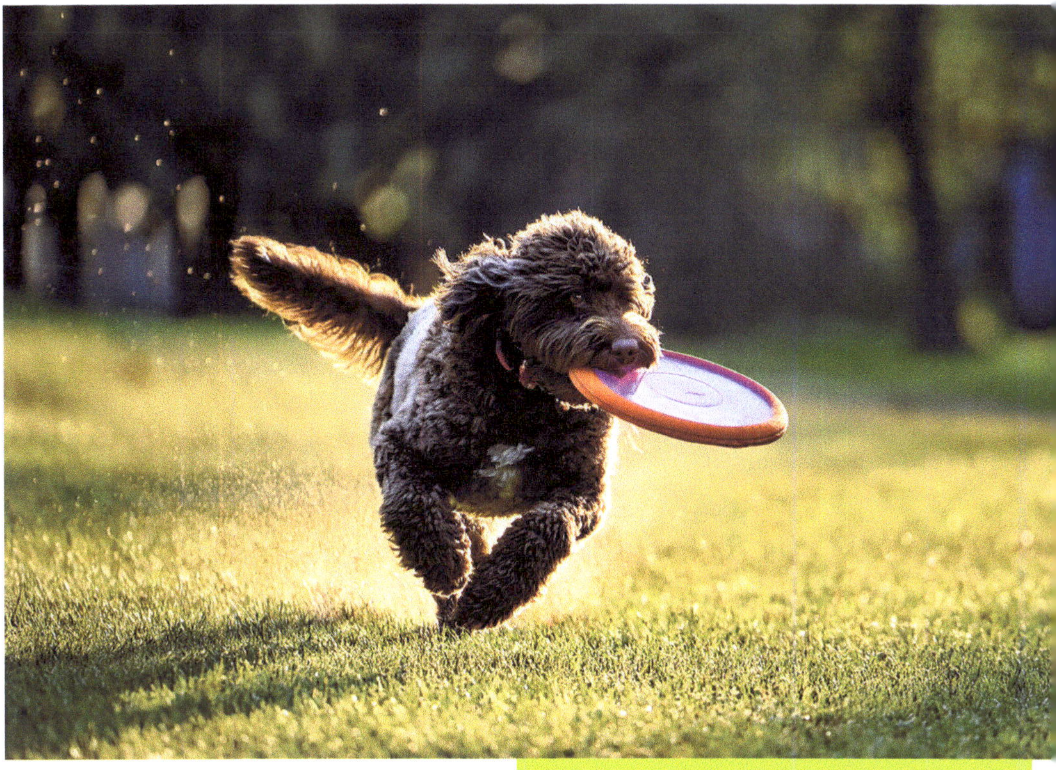

Ich fange alles!

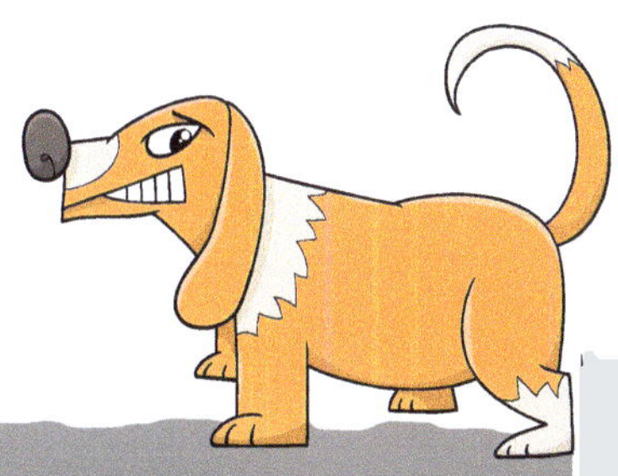

Aber denken Sie daran, immer die Sicherheit Ihres Hundes an erster Stelle zu setzen und ihn nicht zu überfordern. Mit Geduld und Übung kann Discdogging eine sehr lohnende Aktivität für Sie und Ihren Hund sein.

Hundeschwimmen: Gesundes Vergnügen für Ihren vierbeinigen Freund

Hundeschwimmen ist eine erfrischende und gesunde Aktivität, die nicht nur Ihrem Hund, sondern auch Ihnen als Hundebesitzer Freude bereiten kann. In diesem ausführlichen Text werden wir die Vorteile des Hundeschwimmens, Sicherheitstipps und die besten Orte für diese Aktivität erörtern.

Die Vorteile des Hundeschwimmens:
Gesundheitliche Vorteile: Schwimmen ist eine hervorragende Übung für Hunde. Es stärkt ihre Muskeln, verbessert die Beweglichkeit der Gelenke und fördert die Ausdauer. Aufgrund des geringen Gewichts im Wasser ist es auch besonders schonend für Hunde mit Gelenkproblemen oder Übergewicht.

Abkühlung: Hunde können Schwimmen als Möglichkeit nutzen, sich an heißen Tagen abzukühlen. Das kühle Wasser bietet eine willkommene Erfrischung und verhindert Überhitzung.

Spaß und mentale Stimulation: Schwimmen ist nicht nur körperlich anregend, sondern auch geistig befriedigend. Hunde müssen ihre Bewegungen im Wasser koordinieren, was ihre kognitiven Fähigkeiten herausfordert.

Soziale Interaktion: Wenn Sie Ihren Hund an einen öffentlichen See oder Strand mitnehmen, kann er auch die Gelegenheit nutzen, mit anderen Hunden zu spielen und soziale Kontakte zu knüpfen.

Sicherheitstipps für das Hundeschwimmen:
Schwimmfähigkeiten: Nicht alle Hunde können von Natur aus schwimmen. Bevor Sie Ihren Hund ins Wasser lassen, sollten Sie sicherstellen, dass er schwimmen kann. Manche Rassen haben aufgrund ihrer Anatomie Schwierigkeiten beim Schwimmen. Schwimmwesten können eine gute Unterstützung bieten, insbesondere für Welpen oder Hunde mit geringer Erfahrung im Wasser.
Supervision: Lassen Sie Ihren Hund nie unbeaufsichtigt im Wasser. Selbst Hunde, die gut schwimmen können, können in Schwierigkeiten geraten. Halten Sie immer ein wachsames Auge auf Ihren Vierbeiner.

Langsame Einführung: Wenn Ihr Hund noch nie geschwommen hat, ist es wichtig, ihn behutsam ans Wasser zu gewöhnen. Beginnen Sie mit flachem Wasser und lassen Sie ihn langsam Vertrauen zum Schwimmen entwickeln.
Vorsicht vor Strömungen: Achten Sie auf Strömungen, insbesondere in Flüssen oder am Meer. Selbst starke Schwimmer können von starken Strömungen mitgerissen werden.

Süßwasser vs. Salzwasser: Salzwasser kann für Hunde irritierend sein, insbesondere wenn sie es trinken. Nach dem Schwimmen sollte Ihr Hund immer mit sauberem Süßwasser abgespült werden.

Die besten Orte für Hundeschwimmen:
Strände: Viele Strände erlauben Hunde, ins Wasser zu gehen, und bieten speziell ausgewiesene Bereiche für Hunde.
Seen und Teiche: Stauseen, Flüsse und Teiche sind oft ausgezeichnete Orte für Hundeschwimmen, vorausgesetzt, sie sind sicher und sauber.
Hundeschwimmbäder: In einigen Gebieten gibt es spezielle Hundeschwimmbäder, die eine kontrollierte Umgebung für das Schwimmen bieten.
Private Pools: Wenn Sie über einen eigenen Pool verfügen, kann das Schwimmen mit Ihrem Hund eine großartige Möglichkeit sein, Zeit zusammen zu verbringen.

Zielobjektsuche (ZOS): Der Weg zur erfolgreichen Suche und Anzeige

Die Zielobjektsuche, häufig auch als ZOS bezeichnet, ist eine faszinierende Disziplin für Hunde und ihre Halter. Sie erfordert Konzentration, Koordination und vor allem die Fähigkeit des Hundes, Gerüche zu identifizieren und zu verfolgen. Die ZOS ist eine hervorragende Möglichkeit, um die natürlichen Instinkte eines Hundes zu fördern und seine geistigen und körperlichen Fähigkeiten zu fordern.

Was ist Zielobjektsuche?
In der ZOS lernt der Hund, bestimmte Gegenstände anhand ihres individuellen Geruchs zu suchen und anzuzeigen. Der Gegenstand kann fast alles sein, von einer bestimmten Person bis hin zu einem spezifischen Objekt.

Der Hund wird darauf trainiert, den spezifischen Geruch zu identifizieren und dem Pfad dieses Geruchs zu folgen, bis er das Zielobjekt erreicht hat. Sobald der Hund das Ziel gefunden hat, wird er auf eine bestimmte Art und Weise anzeigen, oft durch ein Sitz, Platz oder Steh, dass er das Objekt gefunden hat.

Wie beginnt man mit der Zielobjektsuche?
ZOS kann mit Hunden aller Rassen und Altersgruppen durchgeführt werden. Es wird empfohlen, mit einem erfahrenen Trainer oder in einer Gruppe zu beginnen, um die grundlegenden Prinzipien und Techniken der ZOS zu erlernen.

Das Training beginnt normalerweise mit einfachen Aufgaben, bei denen der Hund lernt, den spezifischen Geruch zu erkennen. Mit der Zeit wird das Training immer komplexer, indem der Gegenstand in verschiedenen Umgebungen und unter verschiedenen Bedingungen versteckt wird.

Die positive Verstärkung spielt eine entscheidende Rolle in der ZOS. Wenn der Hund das Zielobjekt findet und richtig anzeigt, wird er belohnt, oft mit einem Leckerli oder Spielzeug. Dies fördert die Motivation und das Engagement des Hundes und hilft ihm, die Verbindung zwischen der Suche, dem Finden und der Belohnung herzustellen.

Vorteile der Zielobjektsuche
ZOS bietet eine Vielzahl von Vorteilen für Hunde und ihre Halter. Sie fördert die geistige und körperliche Stimulation des Hundes und bietet eine positive und produktive Art, Energie abzubauen.

Darüber hinaus stärkt die ZOS die Bindung zwischen Hund und Halter.

Der Halter muss lernen, die Signale und Reaktionen seines Hundes zu lesen und darauf zu reagieren, was die Kommunikation und das Verständnis zwischen beiden fördert.

Schließlich kann die ZOS auch als wertvolles Hilfsmittel in verschiedenen professionellen Kontexten eingesetzt werden, von der Suche nach vermissten Personen bis hin zur Detektion von Drogen oder Sprengstoffen.

Zusammenfassend lässt sich sagen, dass die Zielobjektsuche eine herausfordernde und lohnende Aktivität ist, die sowohl den Hund als auch den Halter geistig und körperlich fordert und zugleich die Bindung zwischen ihnen stärkt.

Dogdancing: Kreatives Teamwork zwischen Mensch und Hund

Dogdancing, oder auch Hundetanz, ist eine hervorragende Möglichkeit, den
natürlichen Bewegungsdrang Ihres Hundes zu nutzen, um körperliche und
geistige Fitness zu fördern und gleichzeitig die Bindung zwischen Ihnen und
Ihrem vierbeinigen Freund zu stärken. Diese Disziplin kombiniert Elemente
aus der Hundeerziehung, dem Trickdogging und der Tanzkunst zu einer einzigartigen und unterhaltsamen Aktivität.

Was ist Dogdancing?
Dogdancing, oft auch als Canine Freestyle bezeichnet, ist eine Hundesportart,
bei der der Halter und der Hund eine Choreographie zu Musik durchführen.
Es beinhaltet eine Reihe von Bewegungen und Tricks, die vom Hund ausgeführt werden, oft in Zusammenarbeit mit dem Halter.

Die Choreographie kann eine Vielzahl von Bewegungen und Tricks umfassen,
von einfachen Befehlen wie „Sitz" und „Platz" bis hin zu komplexeren Bewegungen wie Sprüngen, Drehungen und sogar Tanzelementen. Die Tricks
können auf der Grundlage der natürlichen Bewegungen und Fähigkeiten des
Hundes ausgewählt werden und sollten immer die Gesundheit und das Wohlbefinden des Hundes berücksichtigen.

Wie beginnt man mit Dogdancing?
Der Einstieg in das Dogdancing erfordert keine spezielle Ausrüstung und
kann mit Hunden aller Rassen und Altersgruppen durchgeführt werden. Es ist
jedoch empfehlenswert, mit einem erfahrenen Trainer oder in einer Hunde-
tanzgruppe zu beginnen, um die grundlegenden Prinzipien und Techniken des
Dogdancing zu erlernen.

Zunächst sollten Sie mit einfachen Tricks und Bewegungen beginnen und
diese schrittweise zu einer Choreographie zusammenfügen. Denken Sie daran,
immer positiv zu verstärken und Ihren Hund für jeden erfolgreichen Trick
oder jede Bewegung zu belohnen.

Vorteile des Dogdancing
Dogdancing bietet zahlreiche Vorteile für Sie und Ihren Hund. Es ist eine
ausgezeichnete Möglichkeit, Ihrem Hund körperliche und geistige Stimulation
zu bieten und gleichzeitig seine Geschicklichkeit und Koordination zu verbessern.

Darüber hinaus fördert das Dogdancing die Bindung zwischen Ihnen und
Ihrem Hund. Durch das gemeinsame Training und die Zusammenarbeit bei der

Choreographie lernen Sie, die Körpersprache und die Signale Ihres Hundes besser zu verstehen und zu interpretieren.

Schließlich ist das Dogdancing eine großartige Möglichkeit, um Ihren Hund in einer unterhaltsamen und kreativen Art und Weise zu präsentieren und seine Fähigkeiten und sein Talent zu zeigen. Ob in Wettbewerben oder einfach nur zum Vergnügen, Dogdancing ist eine Aktivität, die Sie und Ihren Hund gleichermaßen begeistern wird.

Insgesamt ist Dogdancing eine vielseitige und unterhaltsame Aktivität, die nicht nur Ihrem Hund Spaß macht, sondern auch Ihnen als Halter eine Möglichkeit bietet, kreativ zu sein und gleichzeitig die Bindung zu Ihrem vierbeinigen Freund zu stärken. Es ist eine Aktivität, die Körper und Geist gleichermaßen fordert und dabei stets den Spaß in den Vordergrund stellt.

Der Lagotto und die Trüffelsuche

Der Lagotto Romagnolo hat sich in den letzten Jahrzehnten von einem klassischen Wasserjagdhund zu einem echten Allrounder entwickelt – und ganz besonders zur unschlagbaren Trüffelsuchmaschine.

Schon immer war seine feine Nase sein Markenzeichen, doch im Bereich der Trüffelsuche entfaltet sie ihre wahre Kraft.

Die Rasse, die in den sumpfigen und feuchten Landschaften Italiens beheimatet ist, hat sich über Generationen hinweg an die Arbeit im Wasser angepasst.

Doch gerade diese ursprüngliche Robustheit und Fähigkeit bilden die ideale Grundlage für die spätere Spezialisierung auf der Suche nach den kostbaren, unterirdischen Pilzen.

Der Lagotto Romagnolo besitzt einen nahezu legendären Geruchssinn, der ihm ermöglicht, selbst in dichtem Waldboden und auf feuchtem, verwittertem Untergrund die feinen Aromen der Trüffel wahrzunehmen.

Diese Fähigkeit, die in der Natur verankert und durch gezielte Ausbildung weiter verfeinert wurde, macht ihn zu einem unverzichtbaren Helfer in der Welt der gehobenen Gastronomie.

Bei der Trüffelsuche zeigt sich, wie eng natürliche Begabung und menschliche Expertise miteinander verwoben sind.

Der Hund arbeitet stets in enger Abstimmung mit seinem Hundeführer – eine Beziehung, die von Vertrauen und gegenseitigem Respekt geprägt ist. Während der Hundeführer dem Tier subtil die Richtung weist, folgt der Lagotto seinem instinktiven Sinn, der ihn zu den verborgenen Schätzen führt.

Die Ausbildung zum Trüffelhund ist ein langwieriger und intensiver Prozess, bei dem bereits in jungen Jahren die Grundlagen gelegt werden.

Dabei wird der Hund spielerisch an den Geruch der Trüffel herangeführt. Mit der Zeit lernt er, diese ganz bestimmten Aromen von anderen Düften zu unterscheiden und seinen Hundeführer durch gezielte Signale auf die Fundstellen aufmerksam zu machen.

Diese harmonische Zusammenarbeit erforderte viel Geduld und Einfühlungsvermögen, doch das Ergebnis ist ein Hund, der mit bemerkenswerter Präzision und Ausdauer arbeitet.

Nicht nur in Italien, sondern weltweit ist der Lagotto Romagnolo als Trüffelhund hochgeschätzt.

Sein Beitrag zur Trüffelwirtschaft ist von unschätzbarem Wert, denn er hilft dabei besonders, diese seltene Delikatesse aufzuspüren, die sowohl in der Gourmetküche als auch bei Feinschmeckern einen Stellenwert einnimmt.

Dabei geht es nicht nur um die reine Arbeit, sondern auch um die Pflege der Tradition und die Weitergabe jahrhundertealter Kenntnisse.

Der Lagotto Romagnolo verkörpert in dieser Hinsicht das perfekte Zusammenspiel von Instinkt, Training und einer tiefen Verbundenheit zur Natur.

Für viele Liebhaber der Rasse ist die Trüffelsuche mehr als nur ein Beruf – sie ist eine Leidenschaft, die den Lagotto Romagnolo in seinem Element zeigt.

In den verschlungenen Pfaden der italienischen Wälder und an den Rändern jahrhundertealter Olivenhaine findet der Hund seinen ganz persönlichen Rhythmus.

Dabei wird deutlich, dass es „sein Ding" ist, in der Stille der Natur nach den verborgenen Schätzen zu suchen und dabei die Verbindung zwischen Mensch und Tier auf eine einzigartige Weise zu feiern.

So bleibt der Lagotto Romagnolo nicht nur ein treuer Begleiter, sondern auch ein lebendiges Symbol für die harmonische Verbindung von Natur, Tradition und moderner Trüffelwirtschaft.

"Einen Hund zu lieben, zählt zu den tollsten Dingen überhaupt, oder? Dadurch wirken unsere Beziehungen zu Menschen so langweilig wie eine Schüssel Haferflocken." - John Grogan

Die schönste Zeit des Jahres.

Lassen Sie uns über das Thema Reisen mit Ihrem geliebten Lagotto Romagnolo sprechen. Schließlich möchte keiner von uns ohne seinen vierbeinigen Begleiter verreisen, oder?! Wenn es irgendwie möglich ist, sollten Sie versuchen, Ihren vierbeinigen Kumpel während des Urlaubs bei einem guten Freund zu „parken", den er bereits kennt, anstatt ihn in einer Hundepension oder einem Hundehotel unterzubringen. Aber am allerbesten ist es, wenn Sie Ihre Reise so planen, dass Ihr Vierbeiner Sie begleiten kann. Schließlich möchte er auf jeden Fall bei Ihnen sein, auch während der Ferien. Und keine Sorge, es ist gar nicht so schwer, Ihren Hund mit in den Urlaub zu nehmen, solange Sie ein paar grundlegende Dinge beachten.

Wenn Sie mit Ihrem Hund in den Urlaub fahren, entscheiden sich die meisten von Ihnen für das Auto. Nur wenige wählen das Flugzeug oder die Bahn für die Reise. Das Auto bietet einfach so viele Vorteile: Sie können alles mitneh-

men, was Ihr Hund braucht, und haben alles griffbereit. Außerdem können Sie
selbst entscheiden, wann Sie Pausen machen und wie lange Sie sie machen.
Und auch am Urlaubsort bleiben Sie mobil. Aber bitte sorgen Sie unbedingt
dafür, dass Ihr Hund sicher im Auto untergebracht ist. Das ist wichtig für
seine und Ihre Sicherheit und außerdem Pflicht bei Autofahrten.

Mit dem Auto

Wenn Sie einen kleinen oder jungen Hund haben, können Sie ihn vor dem Bei-
fahrersitz auf dem Boden unterbringen. Aber achten Sie darauf, dass Ihr Bei-
fahrer genügend Beinfreiheit hat, sonst wird die Fahrt schnell unbequem. Es
gibt Hunde, denen schlecht wird, wenn sie während der Fahrt nicht aus dem
Fenster schauen können. Wenn Ihr Hund zu denen gehört, gehört er definitiv
auf den Rücksitz. Dort gilt auch für ihn die Anschnallpflicht. Es gibt verschiedene Gurtsysteme, die in praktisch jedes Auto passen. Sie geben Ihrem Hund
Halt und Bewegungsfreiheit. Sie können Sicherheitsgurte im Zoofachmarkt
oder online bei den bekannten Versandhändlern bekommen. Ach ja, besorgen
Sie sich am besten auch gleich eine Sicherheitsdecke, die zwischen den Vor-
der- und Rücksitzen angebracht wird. Sie verhindert, dass Ihr Hund während
der Fahrt nach vorne springt oder bei starkem Bremsen zwischen die Sitze
rutscht.

Nehmen Sie Rücksicht

Machen Sie spätestens alle 2 Stunden eine Pause, im Sommer vielleicht
sogar öfter. Leinen Sie Ihren Hund an, bevor Sie die Fahrzeugtür öffnen, und
machen Sie einen kleinen Spaziergang, damit er sich lösen kann. Bieten Sie
ihm auf jeden Fall frisches Wasser und einen gesunden Snack an. Hunde sind
besonders empfindlich gegen Hitze. Sorgen Sie also für frische, kühle Luft
im Auto, am besten über die Klimaanlage. Und fahren Sie nicht mit offenen
Fenstern oder im geöffneten Cabrio, damit sich Ihr Hund keinen Windzug
einfängt oder sogar aus dem Auto springt. Pflegen Sie einen sanften Fahrstil,
verzichten Sie auf ruckartiges Beschleunigen und scharfes Bremsen. Nehmen
Sie in den Kurven das Tempo etwas raus. Manche Hunde werden beim schnellen Fahren und den Geräuschen der Reifen sehr unruhig.

Mit dem Flugzeug

Die verschiedenen Fluggesellschaften haben unterschiedliche Regeln und
Tarife für die Mitnahme von Hunden, daher ist es wichtig, sich frühzeitig
darüber zu informieren. Große Hunde müssen in der Regel in einer speziellen
Transportbox im Frachtraum reisen, aber Ihr kleiner Welpe hat Glück! Kleine

Hunde bis zu einem Gewicht von etwa 8 kg dürfen oft als „Handgepäck" in
einer Transporttasche mit in die Kabine genommen werden. Beachten Sie jedoch, dass die Plätze begrenzt sind, daher ist es ratsam, frühzeitig zu buchen.
Die Unterbringung im Frachtraum kann für Ihren Hund extrem stressig sein
und sollte nur in Ausnahmefällen und für längere Reisen in Betracht gezogen
werden.

Mit der Bahn

Fast überall in Europa ist es erforderlich, für Bahnreisen mit Ihrem Hund zusätzlich ein Ticket im Kindertarif zu lösen, und in einigen Fällen zahlen Sie
sogar den halben Preis Ihres eigenen Tickets. Kleine Hunde wie Ihr Welpe
dürfen oft sogar kostenlos mitreisen, aber informieren Sie sich bitte vor der
Reise bei der jeweiligen Bahngesellschaft. Beachten Sie, dass Hunde im Zug-
restaurant keinen Zutritt haben und Ihr nur in den Schlaf- oder Liegewagen
mitkommen darf, wenn Sie das gesamte Abteil mieten.

Der EU-Heimtierpass

Wenn Sie innerhalb der Europäischen Union reisen, ist der EU-Heimtierpass
ein Muss. Sie erhalten ihn von Ihrem Tierarzt oder bereits beim Kauf von
einem seriösen Züchter. Der Pass enthält Angaben zu Ihrem Hund, wie zum
Beispiel den Impfstatus und die Mikrochip-Nummer. Seit Januar 2011 ist ein
Mikrochip zur Identifikation obligatorisch, und eine Tätowierung reicht nicht
mehr aus. Eine gültige Tollwutimpfung ist besonders wichtig und sollte mindestens 30 Tage vor der Reise durchgeführt worden sein. Sie darf nicht älter
als 1 Jahr sein. Beachten Sie auch, dass es in einigen Ländern zusätzliche
spezielle Anforderungen gibt, die sich von Zeit zu Zeit ändern können.

Worauf sollten Sie achten?

Unterkunft

Informieren Sie das Hotel oder die Ferienwohnung vor der Anreise darüber,
dass Sie Ihren Hund mitbringen, und reservieren Sie einen Platz für seinen
Korb sowie Futter- und Wassernäpfe. Um zu verhindern, dass Ihr Hund in der
fremden Umgebung entwischt, halten Sie insbesondere die Zimmertür geschlossen. Sorgen Sie dafür, dass das Hotelpersonal Ihr Zimmer nicht betritt,
wenn Ihr Hund dort alleine ist.

Gewohnheiten

Halten Sie sich am gewohnten Tagesrhythmus Ihres Hundes fest. Versuchen Sie, die Fütterungszeiten und Gassigänge nicht zu ändern.

Ernährung

Nehmen Sie ausreichend Fertigfutter mit, das Ihr Hund gewohnt ist, um ihm eine Futterumstellung zu ersparen. Falls Sie Ihren Hund roh füttern, sollten Sie auch am Urlaubsort entsprechendes Futter finden können.

Klima

Südliche Sonne mag für uns Menschen eine Wohltat und eine willkommene Abwechslung zu den vergleichsweise kühlen Temperaturen bei uns sein, aber für Hunde kann es eine ganz andere Geschichte sein. Planen Sie gemeinsame Aktivitäten daher am besten in die kühleren Tageszeiten, um Ihrem Lagotto Romagnolo Unannehmlichkeiten zu ersparen.

Am Strand

Verbringen Sie mit Ihrem Hund nicht länger als zwei Stunden am Strand und bieten Sie ihm unbedingt einen schattigen Platz an. Stellen Sie sicher, dass er jederzeit Zugang zu frischem Wasser hat und spülen Sie sein Fell nach einem Bad im Meer immer mit Süßwasser ab. Achten Sie auf Strandverbote, da nicht überall Hunde erlaubt sind und es möglicherweise verschiedene Regeln für verschiedene Tageszeiten gibt.

Versicherung

Bevor Sie Ihre Reise antreten, überprüfen Sie, ob Ihre Tierhaftpflichtversicherung auch im Ausland gilt, und passen Sie den Versicherungsumfang gegebenenfalls an.

Registrierung

Spätestens jetzt ist es an der Zeit, Ihren Hund bei TASSO registrieren zu lassen. Die Registrierung ist genauso kostenlos wie der Suchdienst, falls Ihr Vierbeiner im Urlaub verloren gehen sollte.

Es versteht sich von selbst, dass Ihr Hund gechippt sein muss. Zusätzlich sollten Sie ihn mit einer Marke versehen lassen, auf der Ihre Heimat- und

Urlaubsadresse sowie Ihre Handynummer vermerkt sind. Dadurch kann er leichter zu Ihnen zurückgebracht werden, falls er mal ausbüchst.

Also, Sie reisefreudiger Hundebesitzer, mit den richtigen Vorbereitungen und ein wenig Planung können Sie Ihren Liebling ohne Probleme mit in den Urlaub nehmen. Egal ob mit dem Auto, dem Flugzeug oder der Bahn, achten Sie immer auf die Sicherheit und das Wohlbefinden Ihres Hundes während der Reise. Informieren Sie sich über die spezifischen Bestimmungen und sorgen Sie dafür, dass Sie alle erforderlichen Dokumente wie den EU-Heimtierpass griffbereit haben.

Vergessen Sie nicht, an alles zu denken, was Ihr Hund während des Urlaubs benötigt: sein gewohntes Futter, Wasser, Spielzeug, Körbchen und alles, was ihm ein Gefühl von Zuhause vermittelt. Planen Sie Pausen ein, lassen Sie Ihren Hund ausreichend Gassi gehen und sorgen Sie für frische Luft und angemessene Temperaturen im Fahrzeug. Beachten Sie die Strandregeln und sorgen Sie dafür, dass Ihr Hund jederzeit gut versichert ist.

Mit diesen Tipps steht einem tollen Urlaub mit Ihrem Lagotto Romagnolo nichts im Wege. Also packen Sie Ihre Koffer, schnappen Sie sich Ihren vierbeinigen Begleiter und los geht's! Zusammen werden Sie unvergessliche Abenteuer erleben und eine großartige Zeit miteinander verbringen. Viel Spaß und gute Reise!

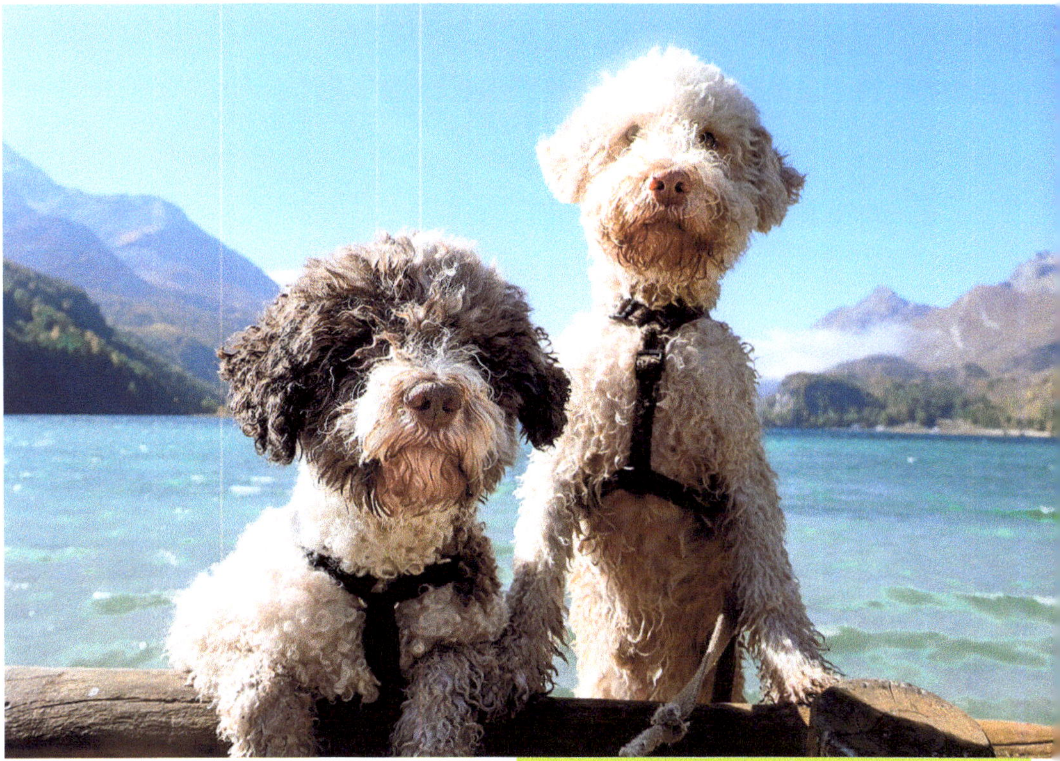

"Wer auch immer gesagt hat, Glück könne man nicht kaufen, hat vergessen, dass es ja Welpen gibt."
Gene Hill

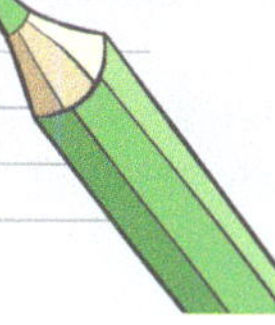

So soll der Lagotto Romagnolo sein.

Der Lagotto Romagnolo ist eine italienische Hunderasse, die ursprünglich für die Wasserjagd genutzt wurde.

Mit der Zeit verlagerte sich sein Einsatz jedoch auf die Trüffelsuche, eine Fähigkeit, die ihn bis heute einzigartig macht.

Sein Rassestandard beschreibt ihn als mittelgroßen Hund mit einem kompakten, harmonischen Körperbau und einer dichten, gelockten Fellstruktur, die ihn vor Witterungseinflüssen schützt.

Der Kopf des Lagotto ist gut proportioniert, mit einem breiten, leicht gewölbten Schädel und einem stumpfen Fang.

Die Augen sind leicht oval und variieren in Farbnuancen zwischen Ocker, Haselnuss und Dunkelbraun, stets passend zur Fellfarbe.

Die Ohren sind mittellang, dreieckig und fallen seitlich herab, wobei sie mit lockigem Fell bedeckt sind.

Der Ausdruck des Lagotto ist aufmerksam, intelligent und freundlich – ein Spiegel seines Wesens.

Der Körperbau ist kräftig und gut bemuskelt, mit einer geraden Rückenlinie und einer leicht abfallenden Kruppe.

Die Brust ist gut entwickelt und reicht bis zu den Ellenbogen, während die Bauchlinie leicht aufgezogen ist.

Die Rute ist mittellang und wird in Bewegung fröhlich, aber nie über den Rücken gerollt getragen.

Besonders charakteristisch für den Lagotto Romagnolo ist sein dichtes, wolliges Fell, das durchgehend gelockt ist und eine wasserabweisende Schutzschicht bildet.

Es bedarf regelmäßiger Pflege und sollte nicht geschoren, sondern nur getrimmt werden, um die typische Textur zu erhalten.

Die Fellfarben variieren zwischen Off-White, Braun in unterschiedlichen Schattierungen und Orange, gelegentlich mit Abzeichen.

Schwarz ist gemäß Standard nicht erlaubt.

Mit einer Widerristhöhe zwischen 41 und 48 cm und einem Gewicht von 11 bis 16 kg ist der Lagotto weder zu groß noch zu klein.

Er bewegt sich mit einem fließenden, leichten Gang und zeigt dabei eine beeindruckende Ausdauer. Sein Wesen ist freundlich, aufmerksam und arbeitsfreudig.

Er ist intelligent und besitzt einen ausgeprägten Suchtrieb, was ihn zu einem hervorragenden Trüffelsuchhund macht.

Dennoch eignet er sich auch hervorragend als Familienhund, da er eine enge Bindung zu seinen Menschen eingeht und ein ausgeglichenes Temperament besitzt.

Obwohl der Lagotto grundsätzlich ein unkomplizierter und gesunder Hund ist, gibt es gewisse Merkmale, die als Fehler oder sogar als disqualifizierend betrachtet werden.

Dazu gehören übermäßige Fanglänge, sehr helles Auge oder zu wenig Felltextur.

Schwere Fehler wie ein zu glattes Fell, extreme Schüchternheit oder aggressives Verhalten sind nicht erwünscht, und schwarze oder gescheckte Fellfärbungen führen zur Disqualifikation.

Insgesamt ist der Lagotto Romagnolo eine besondere Hunderasse mit einer klar definierten äußeren Erscheinung und einem einzigartigen Wesen.

Seine Vielseitigkeit als Arbeitshund, sein fröhliches Temperament und seine hohe Intelligenz machen ihn sowohl für erfahrene Hundebesitzer als auch für Familien zu einem wunderbaren Begleiter.

Ein toller Hund.

"Hunde kommen in unser Leben, um uns das Lieben zu lehren und sie gehen, damit wir lernen, mit Verlust zu leben. Ein neuer Hund ersetzt niemals einen alten Hund. Er weitet lediglich unser Herz."

Autor unbekannt

Ordnung muss sein – zum Wohl der Rasse!

Die Fédération Cynologique Internationale (FCI), yeah, das ist die internationale Supertruppe, die sich voll und ganz der Förderung und Entwicklung von Hunderassen verschrieben hat. Die haben's richtig drauf! Gegründet wurde die FCI 1911 in Belgien und hat ihren Hauptquartier in Thuin, Belgien. Da geht's richtig zur Sache!

Die FCI ist so ‚ne Art Boss, der über nationale Hundeclubs aus der ganzen Welt aufpasst. Momentan hat die FCI Mitgliedsverbände aus 98 Ländern und Gebieten. Diese Mitgliedsverbände sind dafür verantwortlich, Hunderassen in ihrem Land zu züchten, zu schützen und zu registrieren. Die arbeiten eng mit der FCI zusammen, um Standards für die einzelnen Rassen festzulegen und zu fördern. Gemeinsam rocken sie die Hunde-Welt!
Die FCI hat über 360 Rassen voll anerkannt, das ist echt beeindruckend! Und die haben die Rassen in 10 coole Gruppen aufgeteilt, je nach Verwendungs-

zweck oder Herkunft. Da haben wir die Jäger, die Schäferhunde, die , die Pinscher, die Schnauzer, die Molosser, die Begleit- und Gesellschaftshunde, die Windhunde und die Nicht-Sportlichen Hunde. Ja, da ist für jeden was dabei!

Aber die FCI ist nicht nur für die Show da, nein, nein! Die setzen sich richtig für das Wohlbefinden und die Gesundheit der Hunde ein. Die haben da klare Richtlinien für Züchter und Halter, um sicherzustellen, dass die Hunde vernünftig gezüchtet, gehalten und geschützt werden. Respekt, FCI! Die kümmern sich auch um die Ausbildung von Züchtern, Trainern und Richtern. Da läuft alles wie geschmiert!

Und die FCI ist auch mega wichtig für die Hunde mit den internationalen Ambitionen. Die geben nämlich die offiziellen Ahnentafeln (so ‚ne Art Geburtsurkunde) raus, damit jeder sehen kann, dass ein Hund wirklich reinrassig ist und von einer bestimmten Zuchtlinie stammt. Ohne die Tafeln geht's nicht auf die großen Shows und Wettbewerbe, also ist das schon echt wichtiges Zeug!

Insgesamt spielt die FCI eine mega wichtige Rolle, wenn's um die Förderung und den Schutz von Hunderassen auf der ganzen Welt geht. Die sorgen dafür, dass die Hunde ordentlich gezüchtet, gehalten und geschützt werden und dass für jede Rasse klare Standards gelten. Damit wollen sie sicherstellen, dass unsere felligen Freunde gesund, glücklich und voll funktionsfähig sind. Yeah, FCI, weiter so!

Hier finden Sie die echten Fachleute.

Rassezuchtvereine.

Ich habe bereits mehrfach im Buch darauf hingewiesen, dass Sie einen Welpen am besten von einem verantwortungsvollen Züchter kaufen sollten, der dem VDH, der SKG oder dem ÖKV angeschlossen ist. Solche Züchter sind in Rassezuchtvereinen organisiert, die ein strenges Zuchtreglement haben. Die Adressen solcher Vereine erhalten Sie bei den nationalen Dachverbänden:

Deutschland:
Verband für das Deutsche Hundewesen (VDH) e. V.
www.vdh.de

Österreich:
Österreichischer Kynologenverband
www.oekv.at

Schweiz:
Schweizerische Kynologische Gesellschaft
www.skg.ch

In Deutschland verzeichnet der VDH die Vereine zur Betreuung der Rasse, die Kontaktdaten gibt es hier:

Lagotto Romagnolo Züchtergemeinschaft e.V.
Altfriedstr. 8
31079 Westfeld

www.lagottozuechter.de

Lagotto Romagnolo Wasserhunde Deutschland e.V.

Kurhessenstr. 62
34626 Neukirchen
www.lagotto-wasserhunde.de

Hundeschulen sind hier zu finden:

BHV - Berufsverband der Hundeerzieher/innen
und Verhaltensberater/innen e.V.
Geschäftsstelle
Christiane Backes
Alt Langenhain 22
65719 Hofheim
Tel.: +49 (0) 61 92 - 9 58 11 36
E-Mail: info@hundeschulen.de

TASSO e.V. und FindeFix sind zwei führende Organisationen in Deutschland, die sich auf die Registrierung und das Auffinden verlorener Haustiere spezialisieren.

Beide bieten wertvolle Dienstleistungen an, um vermisste Tiere wieder mit ihren Besitzern zu vereinen, und ergänzen sich in ihren Bemühungen, das Wohlergehen von Haustieren zu fördern.

TASSO e.V.

TASSO e.V. ist Europas größtes Haustierregister mit Millionen registrierter Tiere. Die Organisation bietet einen kostenlosen Service zur Registrierung von Haustieren, die mit einem Mikrochip oder einer Tätowierung gekennzeichnet sind.
TASSO arbeitet daran, verlorene Tiere zu identifizieren und sie sicher zu ihren Besitzern zurückzubringen. Dies wird durch eine umfangreiche Datenbank ermöglicht, in der die Identifikationsnummern der Mikrochips oder Tätowierungen zusammen mit den Kontaktdaten der Besitzer gespeichert sind.
Zusätzlich bietet TASSO einen 24-Stunden-Notfall-Service, eine verlorene-und-gefundene-Datenbank und verschiedene Informationskampagnen zum Thema Tierregistrierung und -schutz.

FindeFix - Das Haustierregister des Deutschen Tierschutzbundes

FindeFix ist eine Initiative des Deutschen Tierschutzbundes und dient ebenfalls der Registrierung von Haustieren, vor allem von Hunden und Katzen.

Ähnlich wie TASSO verwendet auch FindeFix die Mikrochip-Technologie, um verlorene Haustiere zu identifizieren und zu ihren Besitzern zurückzuführen.

Die Registrierung bei FindeFix ist ebenfalls kostenlos.

Neben der zentralen Registrierungsdienstleistung bietet FindeFix Informationen und Unterstützung für Haustierbesitzer, darunter Ratschläge für den Fall des Verlusts eines Haustieres.

Zusammenfassung und Bedeutung

Sowohl TASSO als auch FindeFix spielen eine entscheidende Rolle im Tierschutz in Deutschland.

Durch die Bereitstellung von Registrierungs- und Rückführungsdiensten tragen sie dazu bei, die Sicherheit von Haustieren zu erhöhen und das Leid von verlorenen Tieren und ihren Besitzern zu verringern.

Die Registrierung bei solchen Organisationen ist ein wichtiger Schritt für verantwortungsbewusste Haustierbesitzer. Sie erhöht die Wahrscheinlichkeit, dass ein verlorenes Tier schnell und sicher nach Hause zurückkehrt.

Diese Organisationen ergänzen die Arbeit von lokalen Tierheimen und Tierschutzvereinen und bilden ein wichtiges Netzwerk zum Schutz und zur Fürsorge für Haustiere.

Die Dienste von TASSO und FindeFix sind beispielhaft für moderne Ansätze im Tierschutz und in der Tierregistrierung, die darauf abzielen, das Wohlergehen von Haustieren zu gewährleisten und die Bindung zwischen Tieren und ihren Besitzern zu stärken.

Hat Ihnen dieses Buch gefallen?

Hallo zum Schluß, liebe Leserin und lieber Leser!

Wenn Sie mein Buch vom Anfang bis hier her gelesen haben, waren das jetzt 180 Seiten, die Sie studiert und mir dabei erlaubt haben, Sie dabei zu begleiten. Das macht mich unglaublich stolz und ich hoffe, Sie hatten Spaß beim Lesen und konnten wichtige Informationen für Sie ganz persönlich umsetzen.

Natürlich hätte ich dieses Buch niemals alleine herausgeben können, ein fleissiges und total Hunde verrücktes Team hat mir bei vielen Dingen wie den Fotos, dem Layout, der Grafik und vielem mehr geholfen - es handelt sich also um das Ergebnis einer einzigartigen und freundschaftlichen Teamarbeit.

Wenn Ihnen die letzten 180 Seiten eine angenehme, kurzweilige Zeit beschert haben und meine Tipps Ihnen helfen konnten, empfehlen Sie dieses Buch doch bitte weiter. Ich freue mich über jede einzelne neue Leserin und jeden einzelnen neuen Leser!

Erlauben Sie mir eine kleine Bitte zum Schluß: Wenn Ihre Zeit es zulässt, hinterlassen Sie doch bitte eine nette Rezension auf amazon oder dort, wo Sie es gekauft haben, für dieses Buch. Wir freien Autoren haben keinen mächtigen Großverlag hinter uns. Um auf dem großen Buchmarkt bestehen zu können, sind es vor allem die Rezensionen bei amazon + Co., die den „kleinen" Schreibern und dem Team im Hintergrund helfen.

Auch ein Posting in den sozialen Netzwerken wäre natürlich toll!

Dafür danke ich Ihnen ganz herzlich!

Alles Gute für Sie und Ihren Hund,

Ihre Andrea Wege & Team!